PE. RODRIGO RODRIGUES

A FORÇA QUE TEM O AMOR

Caminhos para uma nova vida

EDITORA
SANTUÁRIO

DIREÇÃO EDITORIAL:
Pe. Fábio Evaristo R. Silva, C.Ss.R.

CONSELHO EDITORIAL:
Cláudio Anselmo Santos Silva, C.Ss.R.
Ferdinando Mancilio, C.Ss.R.
Gilberto Paiva, C.Ss.R.
José Uilson Inácio Soares Júnior, C.Ss.R.
Marcelo da Rosa Magalhães, C.Ss.R.
Victor Hugo Lapenta, C.Ss.R.

COORDENAÇÃO EDITORIAL:
Ana Lúcia de Castro Leite

COPIDESQUE:
Sofia Machado

REVISÃO:
Luana Galvão

DIAGRAMAÇÃO E CAPA:
Bruno Olivoto

Dados Internacionais de Catalogação na Publicação (CIP) de acordo com ISBD

R696f Rodrigues, Rodrigo

A força que tem o amor: caminhos para uma nova vida / Rodrigo Rodrigues. - Aparecida, SP : Editora Santuário, 2020.
88 p. ; 12,5cm x 18cm.

Inclui índice.
ISBN: 978-65-5527-003-7

1. Cristianismo. 2. Amor. 3. Vida. I. Título.

2020-619 CDD 240
CDU 24

Elaborado por Vagner Rodolfo da Silva - CRB-8/9410

Índice para catálogo sistemático:
1. Religião : Cristianismo 240
2. Religião : Cristianismo 24

1ª impressão

Rua Pe. Claro Monteiro, 342 – 12570-000 – Aparecida-SP
Tel.: 12 3104-2000 – Televendas: 0800 - 16 00 04
www.editorasantuario.com.br
vendas@editorasantuario.com.br

"O amor é sofredor, é benigno; o amor não é invejoso; o amor não trata com leviandade, não se ensoberbece. Não se porta com indecência, não busca seus interesses, não se irrita, não suspeita mal. Não folga com a injustiça, mas folga com a verdade;
tudo sofre, tudo crê, tudo espera, tudo suporta.
O amor nunca falha."

(1Coríntios 13,4-8)

Algumas considerações...

Viver dói...

Fere. Machuca.

Faz sangrar! E não é pouco.

Eu entendo o que é saudade.

Ela sempre acontece quando a gente fica distante de quem aprendeu a amar.

Às vezes me pego rezando ao som de um tesouro encontrado:

"Bom Deus, sem palavras, sem sons, mas, em tuas mãos, meus diamantes[1]".

A você que já se decepcionou, que chorou por longos dias...
Que pensou em desistir, desanimar...
Seja bem-vindo!
O Amor não leva em consideração o mau cheiro de nossos pecados,
mas a fome de nosso coração.
A Força que tem o Amor nos alimenta para que a fome não nos leve à cova!

Aqui é seu lugar, pois

"O verdadeiro significado das coisas se encontra na capacidade de dizer as mesmas coisas com outras palavras[2]".

Há uma chance para nós...

Sim, o Amor é nossa chance.

Por isso, a cada dia me apodero das belas palavras que acalentam meu duro coração e digo ao Amor: "Você é a resposta para todas as minhas orações. Você é uma canção, um sonho, um murmúrio, e não sei como consegui viver sem você durante tanto tempo[3]".

Ressuscite!

Este escrito é para pessoas que não se sentem normais. Pessoas que assumiram como estandarte da vida o refrão: "Eu prefiro ser essa metamorfose ambulante, do que ter aquela velha opinião formada sobre tudo[4]".
É para pessoas que têm coragem de olhar para o espelho e dizer:
espelho, espelho meu, fale logo que este sou eu e que você insiste em querer rir de mim...

Pode entrar.
Feche a porta!
Por aqui, é sobre o Amor que iremos falar!
Tudo ficará bem...
A casa é sua! Somos formiguinhas.
E lembre-se de que as formigas são pequenas, mas elas são um exército quando juntas.

Façamos valer a voz rouquenha e profética que diz: "Há muitas pessoas no mundo que estão morrendo por falta de um pedaço de pão, mas há muito mais gente morrendo por falta de um pouco de amor[5]".
Caminhemos...
Feliz ressurreição.

NOTAS:

[1] Ziza Fernandes é musicoterapeuta, professora, cantora, com mais de 20 anos de carreira musical, compositora brasileira. É também autora dos livros "Gotas de sentido" e "Leveza feminina".
[2] Charles Spencer Chaplin foi um ator, diretor, compositor, roteirista, produtor e editor britânico. Chaplin foi um dos atores da era do cinema mudo, notabilizado pelo uso da mímica e da comédia pastelão.
[3] Frase do filme *Querido John*. Quando o soldado John Tyree conhece Savannah Curtis, universitária idealista, um forte romance nasce entre eles. Durante sete anos de um tumultuado relacionamento, o casal se encontra apenas esporadicamente e mantém contato por meio de cartas de amor. Porém, a correspondência entre o casal desencadeia consequências imprevisíveis.
[4] Raul Seixas foi músico, cantor e compositor brasileiro, considerado um dos maiores representantes do rock no Brasil.
[5] Santa Madre Teresa de Calcutá foi religiosa católica de etnia albanesa, naturalizada indiana, fundadora da congregação das Missionárias da Caridade, cujo carisma é o serviço aos mais pobres dos pobres por meio da vivência do Evangelho de Jesus Cristo. Em 2015, a congregação fundada por ela contava com mais de 5 mil membros em 139 países. Por seu serviço aos pobres, tornou-se conhecida ainda em vida pelo codinome de "Santa das Sarjetas".

PREFÁCIO

Estou aqui honrado com o convite do querido amigo padre Rodrigo para prefaciar seu livro e muito mais feliz, diga-se de passagem, por ler esta obra fascinante.

O leitor encontrará, ao longo das páginas deste livro, acima de tudo, relatos sobre uma verdade absoluta que nada, ninguém, tampouco o tempo são capazes de apagar. Desse modo, aconselho você, caro leitor, a mergulhar de cabeça, alma e coração a partir daqui, e, acredite, essa experiência pode levá-lo a enxergar o amor de forma mais palpável, e não apenas vê-lo, pois enxergar vai muito mais além.

Deus, que traz justiça, paz e até ressuscita o morto, só o amor o explica e mostra o que ele faz; é assim que ele se revela a nós no dia a dia, conduzindo tudo com o mais fiel amor.

O amor está nos hospitais, nos asilos, nas cadeias, nas ruas, e precisamos ir ao encontro desse amor.

Eu não sei os caminhos que o trouxeram a este livro, mas sei que você não terminará de lê-lo sem dar bons suspiros ou sem ainda pensar: "Meu Deus, é verdade, é assim mesmo!" E assim continuar a pensar e pensar, pois o objetivo desta obra é levar você, querido leitor, a refletir, agir e até se transformar.

Confesso que já o li duas vezes e pretendo lê-lo novamente, para me lembrar sempre de que o amor pode transformar, construir e reconstruir.

Confesso que ressuscitei!

Cleiton Saraiva

É natural do Acre, músico, mora em São Paulo, SP, onde participou de alguns projetos de evangelização, como o Louvor Acústico, lançado em 2010. É cantor cristão católico, evangeliza, por meio da música, o Brasil inteiro. Já lançou os seguintes álbuns: *Em Ti É Meu Lugar, Incansável Amor, Cleiton Saraiva Acústico, Projeto 7, Tributo A Um Pioneiro, pelas gravadoras Cleiton Saraiva e GBA Music.*

Prefiro que me digam que sou um miserável, inclinado para o mal e sem esperanças de nada nesta vida, pois é neste exato momento que a glória de Deus vem sobre mim como um clarão de Luz, e essa única esperança, a esperança do miserável, que habita em mim, passa a ser efetivamente Cristo, agindo e curando todo o meu ser...

1 O AMOR QUE LIBERTA

"Nem muitas águas conseguem apagar o amor; os rios não conseguem levá-lo na correnteza. Se alguém oferecesse todas as riquezas de sua casa para adquirir o amor, seria totalmente desprezado."
(Cânticos 8,7)

Certa vez, minha avó, de saudosa memória, disse: "Meu filho, cachorro sem dono segue qualquer pessoa, principalmente se ganhar comida no caminho".

Que triste! É bem assim que acontece. Em matéria de amor, a maioria das pessoas estão machucadas, feridas e famintas, mesmo assim, aceitam a companhia de qualquer um e, infelizmente, vivem das migalhas que lhes são oferecidas, ainda que sejam semelhantes à lavagem dos porcos.

Talvez uma fábula de Esopo, escritor da Grécia Antiga, ilustre a importância de fugirmos dessa cilada:

O Lobo e o Cão

Encontraram-se na estrada
um cão e um lobo. E este disse:
– Que sorte amaldiçoada!
Feliz seria se, um dia,
como te vejo me visses.

Andas gordo e bem tratado,
Vendes saúde e alegria:
Ando triste e arrepiado,
Sem ter onde cair morto!
Gozas de todo o conforto,
E estás cada vez mais moço;
E eu, para matar a fome,
Nem acho, às vezes, um osso!
Esta vida me consome...
Dize-me tu, companheiro:
Onde achas tanto dinheiro?
Disse-lhe o cão:
– Lobo amigo!
Serás feliz, se quiseres
Deixar tudo e vir comigo;
Vives assim porque queres...
Terás comida à vontade,
Terás afeto e carinho,
Mimos e felicidade,
Na boa casa em que vivo!
Foram-se os dois. No caminho,
Disse o lobo, interessado:
– Que é isto? Por que motivo
Tens o pescoço esfolado?
– É que, às vezes, amarrado
Me deixam durante o dia...
"Amarrado? Adeus, amigo! Não te sigo! –
Disse o lobo –
Muito bem me parecias,
Que era demais a riqueza...
Adeus! Inveja não sinto:
Quero viver como vivo!
Deixa-me, com a pobreza!
Antes livre, mas faminto,
do que gordo, mas cativo!

Aqui fica uma pergunta: para quem temos vendido o bilhete premiado de nossa vida? Disso depende nossa felicidade. Não podemos nos vender, pois custamos o preço da Cruz do Calvário! Somos a ovelha número 1, somos o ladrão que roubou o Coração de Jesus! E nossa grande alegria deve ser a de saber que Ele caminha conosco, perdoa nossas culpas e acolhe-nos para que pertençamos ao Céu!

Pare de chorar. Chega de desespero! Não faça liquidação de seus sentimentos. Saia do copo d'agua, caso contrário, terá de enfrentar a tempestade desnecessária. Você não perdeu. Foi Deus quem o libertou! Era cilada. Nunca foi amor. Creia! Existe um Matemático Divino, que nos ensina: a cada dia basta sua preocupação! Por isso precisamos aprender a viver com o menos: menos preocupação, menos dúvida, menos desamor, menos desafetos, menos raiva, menos tristeza. Não negocie sua salvação!

Como diz Braúlio Bressa[1]: "Seja sempre inquieto e vez por outra paciente, parece contraditório, soa meio diferente, mas, às vezes, pisar no freio também é andar para frente".

Nessa luta desigual de nossa vida, corajoso é quem foge, e não quem enfrenta aquilo que já está perdido. Quantas lágrimas! Quanta solidão! Só migalhas.

Em meu livro de poesias[2], deixei registrado algo muito pessoal. Ali, pude derramar minha verdade. Sem medo. Sem vergonha. Sem máscaras. Enfrentei meu espelho:

A fome...

Olho para o cesto na mesa e vejo uma pera, quatro batatas e seis laranjas...

Eu vi um jantar!

Seis crianças com sorriso alargado no rosto...

Quatro idosas sentadas no alpendre, fiando a vida...

Uma jovem com rosto angelical, no balanço do quintal...

Mas quem preparou o jantar?

O que foi feito com as seis laranjas?

E com as quatro batatas?

E com a pera?

Ah... já sei!

Não era jantar... era fome... uma fome doída de esmagar as tripas...

E passaram-se os dias...

E restou apenas uma laranja no cesto.

A fome aumentou...

E só consegui ver a menina com rosto angelical, no balanço do quintal.

Todos partiram...

Mas... num ímpeto de euforia, a menina pulou do balanço, cavou a terra dura com as próprias mãos e enterrou aquela única laranja, em sinal de desespero e confiança...

Cobriu o fruto e molhou a terra com suas lágrimas...

Era sua única saída!

Passaram-se os dias, e logo surgiu um broto... era a vida rompendo novamente.

Esperança... um lindo pé de laranja-lima...

Doce feito os favos de mel!

E a menina com laço azul nos cabelos festejava com um cesto, repleto de belos frutos...

Tempo da colheita.

Celebração...

Liturgia da vida.

Olhei para o cesto e pude sentir: Deus havia passado por ali...

Rezei baixinho: "Senhor, faz uma laranjada para mim?"

Quantas vezes ainda teremos de cair no mesmo buraco para entendermos que ali não é nosso lugar?

Quantas vezes? Houve vezes que não entendi o motivo de o meu pai me dizer tantas vezes a palavra "NÃO!", mas hoje eu sei que foi para meu próprio bem. Em cada não, ali estava o amor de meu pai. Já é chegada a hora de libertar-me!

A grande Cora Coralina[3] poetizou a esse respeito da seguinte forma:

Assim eu vejo a vida

A vida tem duas faces:
Positiva e negativa
O passado foi duro
mas deixou o seu legado
Saber viver é a grande sabedoria
Que eu possa dignificar
Minha condição de mulher,
Aceitar suas limitações
E me fazer pedra de segurança
dos valores que vão desmoronando.
Nasci em tempos rudes
Aceitei contradições
lutas e pedras
como lições de vida
e delas me sirvo
Aprendi a viver.

Quando acabará nossa vida? Só Deus sabe.

Então nunca é tarde para nada, não importa se nós temos 15 ou 100 anos, ainda há muito por viver, por amar, por ensinar.

Do que adianta gritar independência no domingo, mas na segunda-feira voltar ao que o escravizava no sábado?

Acabe com isso de uma vez! Você tem valor. Você tem valor. Você tem valor. Construa pontes, não crie muralhas.

Ainda que doa, siga firme!

Renuncie aquilo que lhe fere.

Aprenda a ser secundário. Ator coadjuvante!

Servo!

Um Zé Ninguém na estrada.

Uma Maria das tantas no caminho.

Repita um trilhão de vezes as palavras de João Batista: "Importa é que eu diminua e que Ele cresça..." (Jo 3,30).

É assim que deve ser. Sem essa ordem, nunca teremos libertação. O Amor encontrará barreiras. Aprendemos com o Pequeno Príncipe[4] que "as pessoas são solitárias porque constroem muros ao invés de pontes".

Lembre-se sempre de que Jesus chora por você, pois não consegue ver quem Ele tanto amou, na Cruz do Calvário, sofrendo. Seu sofrimento é o responsável pelas lágrimas de Jesus!

Desejo que as palavras tão lúcidas de Dom Henrique Soares da Costa[5] sirvam de cura e libertação para seu coração:

> Há países europeus caminhando rapidamente para a extinção. São países ricos, seus habitantes só se preocupam com o bem-estar, viraram as costas para Deus, abandonaram a reta doutrina cristã, não querem saber de matrimônio, de família, de filhos. Esses povos desaparecerão... Que coisa! A Europa, outrora cristã, arraigada em uma verdadeira fé; a Igreja, firme e clara em sua doutrina, orientando e alicerçando a vida e a prática de seus filhos...
>
> Hoje, tudo é nebuloso, a ideologia domina tudo, o politicamente correto impera, o pensamento é antropocêntrico, fazendo Deus calar-Se e servir ao homem como escravo, até em alguns setores da Igreja.
>
> O destino disso tudo? O de sempre: a infidelidade ao Senhor leva à esterilidade; e esta, finalmente, à morte, à extinção! Essa é

a sentença! Será sempre assim! O que foi civilização cristã caminha para o ocaso.

O Ocidente perecerá por infidelidade ao Senhor, aos valores mais profundos que o plasmaram, a si mesmo, a sua história.

Nunca se esqueça, amigo: a consequência da infidelidade ao Senhor é a esterilidade também em sua vida pessoal sem apelo, sem ilusão! Do Gênesis ao Apocalipse, a Palavra de Deus nos grita isso.

Vem, Senhor! Faz brotar vida neste mundo que está se tornando deserto! Vem, Senhor Jesus, ilumina nossas trevas, vivifica nossa vida!

Palavras paternas, coração de pai, destreza de pastor. Hoje, como padre da Igreja Católica Apostólica Romana, declaro em sua vida: a mesma palavra que Jesus utilizou para mudar o futuro da mulher do fluxo de sangue dá a cada um de nós o direito da herança...

Seja livre! O Amor liberta.

**NÃO PODEMOS NOS VENDER.
NÓS CUSTAMOS O PREÇO DA
CRUZ DO CALVÁRIO!
SOMOS A OVELHA NÚMERO 1!
SOMOS O LADRÃO QUE ROUBOU O
CORAÇÃO DE JESUS!**

NOTAS:

[1] Chamado de "ativista da cultura nordestina", Bráulio Bessa é um poeta e palestrante brasileiro que tem disseminado lindas palavras em forma de literatura de cordel. Suas rimas, praticamente cantadas, e seu jeito único de falar de sentimentos angariam fãs no Brasil inteiro e inspiram muita gente no cotidiano.

[2] Pe. Rodrigo Rodrigues. *Há-braços:* o inacabado que vive em mim. Ed. Palavra & Prece.

[3] Pseudônimo de Anna Lins dos Guimarães Peixoto Bretas (Cidade de Goiás, 20 de agosto de 1889 – Goiânia, 10 de abril de 1985). Foi uma poetisa e contista brasileira. Considerada uma das mais importantes escritoras brasileiras, ela teve seu primeiro livro publicado em junho de 1965 (Poemas dos Becos de Goiás e Estórias Mais), quando já tinha quase 76 anos de idade, apesar de escrever seus versos desde a adolescência. Mulher simples, doceira de profissão, tendo vivido longe dos grandes centros urbanos, alheia a modismos literários, produziu uma obra poética rica em motivos do cotidiano do interior brasileiro, em particular dos becos e das ruas históricas de Goiás.

[4] É uma obra do escritor, ilustrador e aviador francês Antoine de Saint-Exupéry, publicada em 1943 nos Estados Unidos. Durante a Segunda Guerra Mundial, Saint-Exupéry foi exilado para a América do Norte, em meio a turbulências pessoais e sua saúde falhando, ele produziu quase metade das obras, nas quais ele seria lembrado, incluindo o conto de solidão, amizade, amor e perda, em forma de um jovem príncipe que caiu na Terra.

[5] Em 2009, foi nomeado pelo papa Bento XVI como Bispo-Auxiliar da Arquidiocese de Aracaju com a sede titular de Acufida. Foi ordenado bispo no dia 19 de junho de 2009, por Dom Antônio Muniz Fernandes, Arcebispo de Maceió. No dia 19 de março de 2014, o papa Francisco o nomeou bispo da Diocese de Palmares.

2 O PODER DO AMOR

"Eu sou de meu Amado e meu Amado é meu;
ele apascenta seu rebanho entre os lírios."
(Cânticos 2,16)

Certa vez, o grande santo, João Paulo II, chegou à seguinte conclusão: "O amor verdadeiro é exigente. Mas sua beleza reside precisamente nas exigências que ele faz. Somente aqueles que são capazes de fazer exigências sobre si mesmos, em nome do amor, podem, então, exigir o amor dos outros".

Aqui descobrimos que o amor não está fora da realidade, mas sim imerso na realidade de cada ser.

O amor diz respeito ao ser humano; e não amar é quase que não existir! Tolkien[1] nos ensina: "Realmente, o mundo está cheio de perigos, mas ainda há muita coisa bonita, e, embora atualmente o amor e a tristeza estejam misturados em todas as terras, talvez o primeiro ainda cresça com mais força".

Quem não ama não se desafia. Quem não ama não é exigente consigo mesmo, pois o amor é transformador. O amor faz de uma jovem garotinha, que brincava de bonecas, uma bela mãe, que não teme vigiar o sono de seu bebê, que sofre com dores de ouvido.

Outra vez, Tolkien explica essa realidade: "Essa busca deve ser empreendida pelos fracos com a mesma esperança dos fortes. Mas é sempre assim o curso dos fatos que movem as rodas do mundo: as mãos pequenas os realizam porque precisam, enquanto os olhos dos grandes estão voltados para outra direção".

Ah, o amor! A revolução dos pequenos. A iniciativa dos fracos. A batalha dos apaixonados, daquela paixão que o tempo conduz, como poetizou Carlos Drumond de Andrade[2], na poesia Quadrilha:

> João amava Teresa que amava Raimundo
> que amava Maria que amava Joaquim que amava Lili
> que não amava ninguém.
> João foi para os Estados Unidos, Teresa para o convento,
> Raimundo morreu de desastre, Maria ficou para tia,
> Joaquim suicidou-se e Lili casou com J. Pinto Fernandes
> que não tinha entrado na história.

O Amor tem um poder misterioso, exigente! A exigência do Amor! Aquele toque sobrenatural, que atingiu o Imaculado Coração de Maria a tal ponto de ela cantar: "O Poderoso fez em mim maravilhas, Santo é seu Nome!"

Que bela conclusão! Que santa certeza! Foi o poder do Amor que transformou a vida de Maria. Mas que Poderoso Amor é esse?

"É o Poderoso Amor Sofredor, Benigno; o Poderoso Amor que não é invejoso; que não trata com leviandade, não se ensoberbece. Não se porta com indecência, não busca seus interesses, não se irrita, não suspeita mal; não folga com a injustiça, mas folga com a verdade; tudo sofre, tudo crê, tudo espera, tudo suporta. É o Poderoso Amor que nunca falha" (cf. 1Cor 13,4-8). O poder do Amor nunca falha.

Para que possamos compreender o poder desse Amor, registro aqui as palavras, com as quais meu amigo, o médico paraibano João Carlos Resende[3], narrou a consulta de dona Socorro com ele, no dia 14 de junho de 2017, em Barretos (SP):

> Semana curta e cansativa, coração agitado, mente um turbilhão. Deus hoje resolveu me visitar. Ele tinha um corpo franzino, rosto marcado pelo sol, mãos com sutil aspereza de quem trabalhou pesado a vida toda e um cheiro de lavanda misturado com as cinzas de um fogão a lenha. Ele falava de um jeito bonito e simples, arrastado e vindo lá do Goiás. Vestia a melhor roupa que tinha, colorida, bem cuidada, mas respingada da sopa que serviram antes da consulta. O sapato de algodão listrado não combinava com a blusa florida... ah, mas Ele era Deus e podia tudo. Seus olhos fugiam dos meus. Como podia Deus se fazer pequeno assim? Logo lembrei que Ele sabe muito bem fazer isso. Lembrei que Ele foi homem, é pão e será sempre grande, pequeno Deus. Parecia envergonhado, ansioso pela notícia, infelizmente não tão boa. Estava cansado da viagem, da sala de espera lotada e de anos de luta contra o câncer. Diante da grandeza a minha frente, aumentei minha pequenez para que pudesse caber na menor brecha que ousei adentrar naquela vida. A doença mudou, progrediu e voltou a judiar. Aquele remédio, que tanto cansava e nauseava aqueles poucos quilos tão frágeis, era necessário mais uma vez.
>
> "Mas, Dotô. Não diga isso." Seu rosto se entristeceu e quanto me doeu ver Deus sendo gente ali diante de mim.
>
> "D. Socorro, não fique triste. O doutor aqui tem coração mole e pode chorar." Olhou para mim e pude ver o brilho dos olhos sábios, dizendo: "Vou chorar em casa para o senhor não olhar".
>
> Como aquilo me engrandecia. Como pode Deus me visitar assim. Ali acabou meu cansaço. Ali só coube emoção. Examinei aquele corpo pequeno. Coração forte e barulhento, pulmões que sopraram em mim o sopro da vida e contemplei o mais belo sorriso com as cócegas geradas ao palpar seu abdome. Pensava comigo o quanto eu queria, com minha mão, retirar cada um daqueles tumores e, ao mesmo tempo, emocionava-me porque, com aquela visita, Deus retirava cada um dos meus, não físicos.

Minha prescrição seria o que menos importava ali, mas assim mesmo a fiz: "D. Socorro, vou prescrever aquele remédio chatinho, mas para tentar controlar a doença da senhora".

Humilde, respondeu: "É o jeito".

No final de tudo, depois de eternos poucos minutos de graça, Deus olhou para mim e disse: "Dotô, o resto pode estar doente e não prestar, mas meu coração é grande e bom". Ah, Deus! Que coração!

Já emocionado, apenas pedi um abraço e agradeci tudo aquilo. Ganhei mais. Ganhei uma foto, um carinho no rosto e a certeza de que Deus sempre está comigo e sempre me visita de diversas formas. Hoje Ele me visitou, curou-me e me deu força para continuar. Ironicamente, saiu daquela sala e falou: "Fica com Deus, Dotô". "Estive com Ele, D. Socorro."

Eis a certeza de que precisamos ter bem firme em nosso coração: O AMOR NUNCA FALHA! É verdade: O Amor nunca falha,

Sou testemunha viva dessa realidade, tanto que deixei registrado:

Meu espinho...

Fico pensando na aflição de Adão e Eva...
Não consigo mensurar a dor de Abel e o ódio de Caim...
E José do Egito?
Quanta maldade dos irmãos...
Por que Betsabá tinha de se exibir naquele alpendre?
E por que Davi não foi para a batalha?
Miserere...
Até a Mula falou com Balaão.
E o pobre Noé... todos caçoaram dele, só porque seguia a matemática divina.
E eis que o Dilúvio foi real!
Foi água para todo lado...
Tanta água que sangrou o lago em que o Salvador caminhou...
Milagres. Curas. Libertações.

Imagino o espanto da Samaritana no poço, da pecadora que viu sua história ser tingida pelos dedos do Artista, do desespero de Maria Madalena ao constatar: – Roubaram meu Senhor!

Como foi grande a alegria de Zaqueu ao descer da árvore... quanta coragem a de Levi em abandonar a coletoria de impostos.

Tamanho foi o discernimento de André ao perceber o menino com cinco pães e dois peixinhos, diante de uma multidão faminta...

E Ele questionou: "Quem me tocou?"

Se fosse comigo, eu morreria...

Era o Mestre... o Senhor...

Morreria em seus braços, sustentando o peso da Cruz...

Ah... o Calvário!

Aquele tenebroso espinho na carne.

Espinho de Judas. Pedro. Saulo...

Meu espinho.

Seu espinho...

Eu estava lá...

Quanta dor!

Ele, todo amor...

Eu fui prego e também martelo!

Ornamento para a Coroa do Rei.

Conheci Verônica nas ruas daquela dor...

Pude sentir a conversão de Dimas, que, na Cruz, foi roubado pelo Amor.

Ladrão que rouba ladrão...

Larguei minhas armas.

Tentei corrigir a empregada que apontou Pedro como um dos seguidores da Cruz... tudo em vão!

Vi a Espada de Dor que transpassou o coração da Mãe de meu Senhor...

Era a Boa-Nova...

Evangelho... cortante... penetrante... puro Amor!

Escutei o barulho das moedas da pobre senhora no Templo e o sarcasmo dos que podiam oferecer muito mais do que umas moedinhas...

E Ele via tudo do Alto da Dor.

Embora ferido, quase sem feição humana, macerado pelo ódio de seus algozes, Ele exclamou em tom de prece: "Pai, perdoa-lhes, pois eles não sabem o que fazem!"

Cai em lágrimas...

Ele me ama.

Fechei a porta do sacrário, fiz o sinal da cruz e professei como Pedro: "A quem irei Senhor; só Tu tens palavras de Vida Eterna?"

E os anjos dourados, ao lado da Casa de Ouro, sorriram para mim.[4]

O Amor nunca falha...

Ele não falhou na vida de Santo Agostinho, que, tomado pelo poder sobrenatural dessa grande graça, exclamou: "Exalaste Teu Perfume e respirei. Agora suspiro por Ti, anseio por Ti! Deus... de Quem separar-se é morrer, de Quem aproximar-se é ressuscitar, com Quem habitar é viver. Deus... de Quem fugir é cair, a Quem voltar é levantar-se, em Quem apoiar-se é estar seguro. Deus... a Quem esquecer é perecer, a Quem buscar é renascer, a Quem conhecer é possuir. Foi assim que descobri a Deus e me dei conta de que, no fundo, era a Ele, mesmo sem saber, a Quem buscava ardentemente meu coração".

E assim como o foi com Santo Agostinho, o Amor nunca falhará com você. Basta acreditar. Esperar. Não desanimar. Confesso que comigo Ele nunca falhou. Embora pobrezinho, ali estava Deus. Quando a fome doeu, ali estava Deus. Quando minha avó morreu, ali estava Deus. Ele não falhou.

Lembro-me de uma passagem da Sagrada Escritura que ilustra essa nossa certeza: o filho morto da Viúva de Naim.

Jesus levanta sua mão, coloca em cima do corpo morto daquele jovem. Tem flores. Tem lágrimas. Tem tristeza. Tem Jesus. E como o Amor nunca falha, Jesus olha para a mãe do garoto e diz: "Por que choras?"

Mal a mulher consegue responder, e a mão de Jesus vai entrando nas ataduras. O Amor vai se abrigando. O Amor vai exigindo Vida! A mãe não para de chorar. Está tomada em lágrimas.

O Senhor lhe diz: "Vou lhe ensinar uma coisa". Todos já pensam que ele é um doido varrido, pois quem não ama não tem coragem de buscar a Vida; já está morto, cheira mal!

A mão de Jesus chega ao corpo do menino frio, sem vida, vazio, inerte... E Jesus ordena: "Ei, menino... pela força de meu Amor, levanta-te".

Jesus é exigente. O Amor ama. O Amor recobra a vida. De fato, Tolkien estava coberto de razão: "A esperança talvez nasça quando tudo é desgraça". Pois, imediatamente, o coração gélido, vazio, inerte, cadavérico daquele menino começa a aquecer. Ele é tocado pelo poder do Amor. A pele retoma sua cor, os músculos voltam a tensionar, as mucosas retomam suas texturas, e o menino senta-se no caixão.

Jesus olha para as lágrimas daquela mãe e diz: "Aprenda uma coisa: O AMOR NUNCA FALHA!"

Ah, Jesus, Poderoso Amor. Quantas mães estão carentes desse milagre. Quantas famílias choram. Quantos jovens cometem suicídio! Quantos estão perdidos nas drogas. Quantos, no dia de hoje, choram seus entes queridos. Eu também já chorei.

Quando eu não sabia rezar o terço, igual às senhoras da Legião de Maria, sabe o que eu fazia? Roubava umas carambolas da Maria do Laércio e ia à igreja São Roque levá-las para Nossa Senhora. Tadinha, era uma imagenzinha feia que tinha lá, mas, mesmo assim, eu as levava. Era o que eu podia e sabia fazer. Uns rezavam para Nossa Senhora; eu roubava para ela! Ali estava meu terço. Dizem que cada Ave-Maria é uma rosa, as minhas sempre foram carambolas. E algo me diz que Nossa Senhora gosta de carambolas.

O Amor ama, ele recobra a vida. E, para que o Menino Jesus não ficasse com vontade, em um dia de Natal, levei uma carambola roubada para Ele.

O Amor ama.

Reza...

"Banhai-nos em vosso Amor... Banhai-nos em vosso Amor, Senhor... No poder de vosso Amor!"

O AMOR FAZ DE UMA JOVEM GAROTINHA, QUE BRINCAVA DE BONECAS, UMA BELA MÃE, QUE NÃO TEME VIGIAR O SONO DE SEU BEBÊ, QUE SOFRE COM DORES DE OUVIDO.

NOTAS:

[1] Conhecido internacionalmente por J. R. R. Tolkien (Bloemfontein, 3 de janeiro de 1892 – Bournemouth, 2 de setembro de 1973), foi um premiado escritor, professor universitário, filólogo britânico e autor das obras *O Hobbit*, *O Senhor dos Anéis* e *O Silmarillion*. Em 28 de março de 1972, Tolkien foi nomeado Comandante da Ordem do Império Britânico pela Rainha Elizabeth II.

[2] Foi um poeta, contista e cronista brasileiro, considerado por muitos o mais influente poeta do século XX. Drummond foi um dos principais poetas da segunda geração do Modernismo brasileiro.

[3] João Carlos Resende Martins Medeiros Trindade é natural de Campina Grande, na Paraíba. Foi morar no interior de São Paulo, em março de 2018, para a residência em oncologia. Sempre gostou de escrever, movido pela leitura e pelo incentivo da mãe, que é revisora ortográfica.

[4] Pe. Rodrigo Rodrigues. *Há-braços:* o inacabado que vive em mim. Ed. Palavra & Prece.

3 O Amor que gera a elegância

"Acima de tudo, porém, revistam-se do amor, que é o elo perfeito."
(Colossenses 3,14)

Revestir-se do Amor. Que tarefa árdua e necessária! E atrevo-me a dizer: urgente!

Caso contrário, viveremos a *náusea angustiante do tédio de não ser o que parecemos ser*. Ah, essa veste não está nas lojas de grife, nos padrões da alta costura, nas marcas que só os de bolso farto podem adquirir. Nenhum estilista desta terra saberá costurá-la senão pegar os moldes com o Amor. Aqui é questão de proximidade. Sim! Pois requer seguimento, atitude, direção. É preciso crer.

Mais uma vez, Dom Henrique Soares da Costa nos ensina com brilhantismo:

> Crer,
> Empregar toda uma existência,
> Empenhar projetos, sonhos, ideais,
> Queimar, como holocausto, amores e afetos,
> Viver a vida em êxodo, saindo de si,
> Em direção ao Eterno,

Em cujos braços se jogou...
Crer...
Em Jesus, o Cristo de Deus,
O Enviado do Pai...
E em troca, o quê?
Como?
Quando?
Em troca,
A Vida plena, de encher coração e ultrapassar todo desejo!
Deixando-se com Cristo, deixando-se em Cristo,
Com Ele morrendo e com Ele e Nele vivendo,
Já agora, na penumbra da fé,
E no Dia de Cristo, na Plenitude da Eternidade,
No Face a face da Glória!

Crer... Ser elegante! Caminhar com as vestes de Deus. Ser revestido do Alto! Olhar para si e reconhecer: dentro de mim mora um sei lá o quê! Eu não posso continuar assim... Isso é sério.

Sem a veste do Amor, estamos nus. E não amar o próximo é igual a não amar a Deus! Quem não ama seu próximo ainda não deixou Deus trabalhar em seu coração. Está nu. Eis nosso esforço... revestir-se do Amor.

Aquele Amor que me revestiu na Noite de Natal, quando meu pai estava no leito do hospital, e minha Ceia foi um apetitoso cachorro-quente. Minha vontade era ter uma mesa farta, mas só tinha um cachorro-quente. Sem dúvida, o melhor de minha vida. Foi engraçado. No hospital havia um presépio, e, ao comer o cachorro-quente, eu disse ao Menino Jesus: "Eu ainda continuo no lucro. O Senhor está no presépio e ainda não pode comer comida de adulto, por isso não vou lhe oferecer. Apenas olhe, abençoe-me, peça para que essa vaquinha pare de me olhar e não fique com vontade".

Naquela noite, o Amor me revestiu e me fez um convite gentil para deitar no presépio. Foi maravilhoso e especial.

Depois daquela noite, descobri que é preciso fazer o que nos conta a história:

> E disse a sábia anciã, que ajudava almas aflitas:
> "Não dói as costas, dói as cargas.
> Não dói os olhos, dói a injustiça.
> Não dói a cabeça, dói os pensamentos.
> Não dói a garganta, dói segurar o grito de indignação ou falar e não ser ouvido.
> Não dói o estômago, dói o que a alma não digere.
> Não dói o fígado, dói a raiva contida.
> Não dói o coração, dói o amor"[1].

Dói o Amor. O Amor doeu na Cruz! O Amor sangrou na Cruz. E é precisamente Ele mesmo, o Amor, que contém o mais poderoso remédio. Ele é nosso Remédio.

Em tempos de polarizações absurdas, ressurge um compromisso: "Nós amamos porque ele nos amou primeiro. Se alguém afirmar: eu amo a Deus, mas odiar seu irmão, é mentiroso. Pois quem não ama seu irmão, a quem vê, não pode amar a Deus, a quem não vê" (1Jo 4,19-20).

Todos nós somos Lázaro. Eu me reconheço um Lazarento! Ora estamos na morte ora estamos na Vida. Precisamos nos reinventar! Senão ficamos para trás... Precisamos nos reinaugurar. É como eu poetisei:

Ano-novo...

Ah... desalegria!
Ex-dona que me tocou roubar...
Roubaste-me de mim.
Desalegria...
Quanta desonestidade!
Chegou mansa, breve, quieta e sútil, mas cortou feito gilete amolada de barbearia...

Moça atrevida!
Sem noção!
Tu não sabes que no baú de meu angu só existe espaço para o riso?
Que santa desavergonhança...
Toma tento!
Te coloca no trilho, pois logo o relógio marcará teu voo...
Sim... voo..
Voa desalegria.
Vai para bem longe de meu espetáculo...
Não existe ingresso para ti.
Teu nome não está na lista.
Desalegria... Arruma tuas malas.
É ano-novo em meu coração!
Os fogos dos sorrisos brilham no céu de minha alma.
Parte... parte... vai!
Eu ordeno!
[...]
Ah... alegria...
Bela moça.
Sê mui bem-vinda nesta terra que tem paçoca, frango caipira, polenta frita na brasa e creme de coentro...
Puxa a cadeira.
Serve-se de uma bela fatia de bolo de fubá!
És preciosa para mim... a cereja de meu bolo.
Ah... alegria![2]

Somos contraditórios. Temos Lázaro correndo no sangue de nossas veias. Precisamos tirar as mortalhas e brindar a veste da Misericórdia. Não pensar somente em si, antes, "renunciar a si mesmo, tomar sua cruz e seguir Jesus" (cf. Mt 16,24).

É urgente pensar no pires do outro que nem xícara tem. O Amor dói. Lembre-se do que nos disse Margaret Thatcher[3]: "Gostaria que você soubesse que existe dentro de si uma força capaz de mudar sua vida. Basta que lute e aguarde um novo amanhecer". Sabe por quê? "Aquele que é feliz, espalha felicidade. Aquele que teima na infelicidade, que perde o equilíbrio e a confiança perde-se na vida."[4] Chega de desavenças. Chega de ódio. Chega de agressões. O Amor dói. O Amor sangra. O Amor está ferido. Crianças são abortadas. Jovens morrem sem realizar sonhos. Adultos estão desempregados. Idosos abandonados nos quartinhos dos fundos ou em asilos. O Amor continua deitado no presépio. O Amor continua pregado na Cruz. Falta amor. Falta alimento. Há um desequilíbrio nos corações.

Onde já se viu ser necessário uma placa de *lugar preferencial para gestantes*, se sabemos que uma mulher grávida possui mais necessidade de amor do que nós? Falta amor. O Amor continua pregado na Cruz. Cruz da ignorância, da mentira, da maldade, dos interesses mesquinhos travestidos de bem comum, dos milhares de reais que deviam ser investidos na saúde, na educação, na segurança, que foram parar nas mãos dos poderosos, que são tratados como "deuses".

Falta amor. Faz frio. Há calafrios nos corações. Bem que poetizou Miriam Alves[5], em *Calafrio*:

> O sorriso gela
> a porta do paraíso prometido
> A tarde cobre-se de frio
> grita
> esconde-se atrás dos
> casacos
> faz esculpir aquela saudade
> do lugar
> jamais percorrido.
> Escorrem feito sorvete
> as esperanças derretidas
> no ardor do querer.

Aquele amor que, durante a perseguição nazista, fazia com que muitos trens carregados de judeus partissem de todas as partes da Europa para os campos de extermínio. O povo enganado era convencido de embarcar por falsas promessas de serem levados para lugares melhores para o bem deles, enquanto que, ao contrário, eram levados para a destruição. Por faltar amor, às vezes, acontecia que, em alguma parada do comboio, alguém, que sabia a verdade, gritava às escondidas para os passageiros: desçam, fujam. E alguns conseguiam, mas outros eram mortos pela falta de amor.

O Amor continua pregado na Cruz! Perdão, Jesus. Dai-nos a veste de vosso Amor, pois, ainda que exista em nós um desequilíbrio, físico, espiritual e psicológico, vosso Amor nos faz elegantes. Confeccionai para nós uma Veste Santa, ó Divino Estilista!

CHEGA DE DESAVENÇAS. CHEGA DE ÓDIO. CHEGA DE AGRESSÕES. O AMOR DÓI. O AMOR SANGRA. O AMOR ESTÁ FERIDO. CRIANÇAS SÃO ABORTADAS. JOVENS MORREM SEM REALIZAR SONHOS. ADULTOS ESTÃO DESEMPREGADOS. IDOSOS ABANDONADOS NOS QUARTINHOS DOS FUNDOS OU EM ASILOS.O AMOR CONTINUA PREGADO NA CRUZ.

FALTA AMOR. FALTA ALIMENTO.

HÁ UM DESEQUILÍBRIO NOS CORAÇÕES.

NOTAS:

[1] Fonte: www.revistapazes.com
[2] Pe. Rodrigo Rodrigues. *Há-braços:* o inacabado que vive em mim. Ed. Palavra & Prece.
[3] Margaret Hilda Thatcher (1925 - 2013) foi uma política britânica, a primeira mulher a ocupar o cargo de Primeiro-Ministro da Grã-Bretanha. Ocupou três mandatos consecutivos, permanecendo por 11 anos e meio no poder.
[4] Anne Frank (1929-1945) foi uma jovem judia vítima dos nazistas. Deixou em seu diário, "O Diário de Anne Frank", o testemunho da perseguição nazista aos judeus.
[5] Miriam Aparecida Alves nasceu em São Paulo em 1952. É assistente social e professora. Na década de 1980, passou a integrar o coletivo Quilombhoje Literatura, responsável pela produção dos Cadernos Negros, publicação na qual estreia no número 5, de 1982.

4 O Amor e os Relacionamentos

"... que nos amemos uns aos outros."
(1 João 3,11)

Certa vez, li a seguinte frase de Gustavo Corção[1]: "Pássaro e lesma, o homem oscila entre o desejo de voar e o desejo de arrastar". Ela é terrível, porém verdadeira. Uns voam e outros se arrastam! Mas por que uns voam e outros se arrastam?

Será que uns fenecem e caem no melodrama dos queixumes, e outros têm a coragem de não fenecerem e não se queixarem a tal ponto de tornarem-se mais tóxicos que o chumbo? Creio que sim!

Tudo na vida é questão de postura. Decisão. Pontualidade. Escolha.

Esses dias acabei escolhendo: *Quem sim. Quem não. Quem nunca...* Há alguns sofrimentos que são inevitáveis; agora, outros são desprazeres, nós podemos evitá-los e passar a sorrir feito criança brincando na chuva. Eu quero voar, não posso me arrastar. O Amor nos chama ao Alto!

Por isso não podemos fenecer. Não podemos cair nos queixumes destruidores. Não podemos ser lesmas. Antes, é preciso coragem. Determinação. A determinação dos santos. Aquela de São Francisco: "Senhor, pouco ou nada fizemos de tudo aquilo que devíamos ter feito. Dai-nos a chance de recomeçar tudo outra vez!"

Recomece agora. Não perca tempo. Não engula qualquer situação. Questione, reflita, desconfie, estude, pergunte.

Creia! Tenha fé. A fé da Igreja. A fé de Abel. De Isaac. De Abraão. Da Sírio Fenícia. De Dulce dos Pobres. De João Paulo II. De Bento XVI. De Francisco.

Una todo o desânimo, toda a vontade de desistir, a carência, a dúvida ao orvalho da esperança. Tome um banho no orvalho da esperança. Ressuscite! Faça uma limpeza nas panelas de seu coração e sirva um belo jantar. Que sua vida seja uma bela refeição, ainda que insista morar em você aquela falta de coragem, de iniciativa, que trava você, que o faz covarde e sem atitude.

Saiba que você não está só, eu também já passei por isso. Já senti que minha mãe amava meus irmãos mais do que a mim. Que Deus se esqueceu de mim. Que eu não tenho muita sorte. Que as coisas parecem não dar tão certo em minha vida. Que sou um pouco injustiçado por quem tanto amo. Que faço mais pelos outros do que eles por mim.

Foi assim que escrevi:

Lata de sardinha...

Bateram tanto nele...
Três pauladas.
A primeira o conduziu à tontura...
A segunda foi ocasião de queda...
A terceira lhe arrancou sangue pela boca...
Puro ódio.
Não precisava daquilo.
Choveu.

Choveu...

Choveu curiosidade!

E eu fui ao encontro de mim mesmo... ofereci pastagem a meu medo.

Não precisava daquilo.

Qual o mal que ele havia feito?

Não importa!

Em cada uma daquelas pauladas, a violência era eu...

Fome. Vômito. Angústia. Choro. Sede...

Existia em meu coração uma aldeia que não figurava no mapa do amor, pois era pura violência...

Foi a base de três pauladas que rasgaram o mistério de minhas incompreensões.

Ali, em meio ao sangue que tingiu o chão de terra barrenta, ao som dos gritos da mãe lacrimosa, senti brotar em mim não flores, mas espinhos...

Não precisava daquilo.

Bastava uma paulada de amor...

Ele nem conseguiu se defender.

Quanta covardia!

Como eu fui covarde...

Por que não reagi?

A violência fui eu.

Fui Judas...

Fui Pedro...

Fui Rodrigo...

Fui cada uma daquelas pauladas violentas.

Fui coroa.

Fui espinho.

Fui açoite.

Sou chaga.

Feridas abertas...

Bastava uma paulada de Amor...

Hoje, caminhando nesta praia, contando as pegadas na areia, percebo que elas cumprem a soma de meu medo, que, até agora, não matou sua fome na pastagem de meu coração.

Era apenas um menino com uma lata de sardinha na mão, querendo matar sua fome...

E ainda havia pastagem em meu coração.

Que Deus nos perdoe[2].

É triste! Eu sei que é triste. Sentimo-nos um nada diante desta vida, que tem roteiro próprio; mas só não desista antes de tentar. Esgote todas as possibilidades e verá que tudo ficará bem. Você não é lesma. Talvez uma história[3] nos ajude a compreender o que estamos dizendo:

Um sujeito colocou seu sítio à venda. Logo no primeiro dia apareceu um interessado.

"Bom dia, estou em busca de uma área para plantio. Como é a terra daqui, dá milho, feijão?", perguntou-lhe o visitante.

"Dá não, senhor", respondeu o proprietário.

"E mandioca?"

"Dá não, senhor."

"Nem mandioca?", espantou-se o homem.

"Dá não, senhor."

O interessado não era um expert em solo, mas conhecia um pouco do assunto; olhou a terra a seu redor e pareceu-lhe terra boa. Coçou a cabeça, como que para lhe ajudar a entender o caso, e fez a pergunta derradeira: "E se plantar?"

"Ah... moço, daí é uma maravilha. Daí dá de tudo. Dá batata, milho, feijão, inté mandioca."

Entendeu? Ainda não? Ah, então receba a Palavra de Deus:

Tudo tem seu tempo determinado, e há tempo para todo o propósito debaixo do céu. Há tempo de nascer, e tempo de morrer; tempo de plantar, e tempo de arrancar o que se plantou. Tempo de matar, e tempo de curar; tempo de derrubar, e tempo de edificar; Tempo de chorar, e tempo de rir; tempo de prantear, e tempo de dançar; Tempo de espalhar pedras, e tempo de ajuntar pedras; tempo de abraçar, e tempo de afastar-se de abraçar; Tempo de buscar, e tempo de perder; tempo de guardar, e tempo de lançar fora; Tempo de rasgar, e tempo de coser; tempo de estar calado, e tempo de falar; Tempo de amar, e tempo de odiar; tempo de guerra, e tempo de paz (Ecl 3,1-8).

Quem é você? Aquele que pergunta ou aquele que responde? Aquele que confia ou aquele que se desespera? De que lado você está? Você sabe que um padre, dias antes de morrer, escreveu uma carta ao papa Francisco? Não? Deixo aqui esta carta para que ela possa encher de esperança seu coração:

A Sua Santidade o papa Francisco:

Santo Padre, nas orações diárias que dirijo a Deus, não deixo de rezar pelo senhor e pelo ministério que Deus lhe confiou, para que Ele possa lhe dar forças e alegria para continuar anunciando a Boa-Nova do Evangelho.

Eu me chamo Fabrizio De Michino e sou um jovem padre da diocese de Nápoles. Tenho 31 anos e há cinco sou sacerdote. Desempenho meu serviço no Seminário Arcebispal de Nápoles como professor de um grupo de diáconos e em uma paróquia em Ponticelli, que se encontra na periferia de Nápoles. A paróquia, recordando o milagre registrado na colina Esquilino, recebe o nome de Nossa Senhora das Neves.

Ponticelli é um bairro degradado por sua pobreza e alta criminalidade, mas a cada dia descubro verdadeiramente a beleza de ver o que o Senhor realiza nestas pessoas que confiam em Deus e na Virgem.

Também eu, desde que estou nesta paróquia, pude ampliar cada vez mais meu amor pela Mãe Celeste, experimentando também nas dificuldades sua proximidade e proteção. Infelizmente, há três anos eu luto contra uma doença rara: um tumor no interior do coração. Há um mês estou com metástase no fígado e no baço. Nesses anos difíceis, no entanto, nunca perdi a alegria de ser anunciador do Evangelho. Também, no cansaço, eu percebo, verdadeiramente, essa força que não vem de mim, mas de Deus, que me permite desempenhar com simplicidade meu ministério. Há uma citação bíblica que tem me acompanhado e me enche de confiança na força do Senhor: "Dar-vos-ei um coração novo e em vós porei um espírito novo; tirar-vos-ei do peito o coração de pedra e dar-vos-ei um coração de carne" (Ez 36,26).

Neste tempo tem sido muito próxima a presença de meu bispo, o cardeal Crescenzio Sepe, que me apoia constantemente, ainda que, às vezes, me peça para descansar, para que eu não me sobrecarregue.

Agradeço a Deus também por meus familiares e meus amigos sacerdotes que me ajudam e apoiam, sobretudo quando faço as diferentes terapias, compartilhando comigo os momentos de inevitável sofrimento. Também meus médicos me apoiam muito e fazem o impossível para encontrar os tratamentos adequados para mim.

Santo Padre, estou me alongando muito, mas só quero dizer que ofereço a Deus tudo isso, pelo bem da Igreja e pelo senhor de um modo especial, para que Deus o abençoe sempre e o acompanhe neste ministério de serviço e amor.

Eu lhe rogo que reze por mim: o que peço todos os dias ao Senhor é que seja feita a Sua vontade, sempre e em todas as partes. Não peço a Deus minha cura, mas a força e a alegria de continuar sendo um verdadeiro testemunho de Seu amor e um sacerdote segundo Seu coração.

Seguro de suas orações paternas, eu o saúdo devotamente (Padre Fabrizio De Michino[4]).

É sobre esse Amor que estou falando desde a primeira linha deste livro.

Deixe-me dizer algo que amadureci em meu coração: nós nos preocupamos tanto com o exterior, com a beleza externa, com o cuidar do cabelo, cuidar disso e daquilo e nos esquecemos do essencial: de cuidar do que está dentro de nós; de cuidar e de purificar o próprio coração, de tirar de dentro de nós as maldades que vão se acumulando, as ambições desmedidas, as fraudes, a devassidão, a inveja, o orgulho, a calúnia, e, sobretudo, a falta de juízo.

E sabemos que "o que torna impuro o homem não é o que entra nele vindo de fora, mas o que sai de seu interior" (Mc 7,15), mas insistimos em fenecer ou entrar na latomia dos queixumes. Convença essa sua teimosia de que só o Amor, nada além do Amor, poderá ajudá-lo!

Hilda Hilst[5] compreendeu esse drama em sua poesia "Desde sempre em mim":

> Contente. Contente do instante
> Da ressurreição, das insônias heroicas
> Contente da assombrada canção
> Que no meu peito agora se entrelaça.
> Sabes? O fogo iluminou a casa.
> E sobre a claridade do capim
> Um expandir-se de asa, um trinado
> Uma garganta aguda, vitoriosa.
> Desde sempre em mim. Desde
> Sempre estiveste. Nas arcadas do Tempo
> Nas ermas biografias, neste adro solar
> No meu mudo momento
> Desde sempre, amor, redescoberto em mim.

Precisamos ter essa certeza, pois do contrário, em vez de voarmos, nós iremos rastejar sobre o pó da estrada barrenta. Não vamos passar de uma mera lesma gosmenta! Coragem. Saiba escolher *quem sim. Quem não. Quem nunca.* Tarefa árdua, pois o joio diabólico cresce de mãos dadas com o trigo divino. Mas quem fez a experiência do Amor jamais estará equivocado no momento da colheita. Colherá bons frutos! É tempo de novos frutos. É fruto de novos tempos. Siga adiante, coragem, pois o Amor equilibra nossos relacionamentos.

POR QUE SERÁ QUE UNS VOAM E OUTROS SE ARRASTAM? SERÁ QUE UNS FENECEM E CAEM NO MELODRAMA DOS QUEIXUMES, E OUTROS TÊM A CORAGEM DE NÃO FENECEREM E NÃO SE QUEIXAREM A TAL PONTO DE TORNAREM-SE MAIS TÓXICOS QUE O CHUMBO?

NOTAS:

[1] Foi um escritor e pensador católico brasileiro, autor de diversos livros sobre política e conduta, além de um romance. Foi membro da antiga União Democrática Nacional (UDN) e um expoente do pensamento conservador no Brasil. Sua obra é influenciada pelo Distributismo, pela apologia católica do escritor inglês G.K. Chesterton, influência extensamente explicada em seu ensaio Três Alqueires e uma Vaca. Outra influência sobre seu pensamento veio do filósofo Jacques Maritain.

[2] Pe. Rodrigo Rodrigues. *Há-braços:* o inacabado que vive em mim. Ed. Palavra & Prece.

[3] Fonte: www.sitedopastor.com.br

[4] Jovem padre nascido em 8 de setembro de 1982. Após uma longa doença, subiu aos céus em 1º de janeiro de 2014. Ele viveu de maneira sagrada os anos de dor e sofrimento físico, com uma serenidade básica. Poucos dias antes de morrer, ele escreveu uma carta de missão ao Papa; uma carta que o cardeal Sepe leu durante seu funeral.

[5] Hilda de Almeida Prado Hilst, mais conhecida como Hilda Hilst (Jaú, 21 de abril de 1930 – Campinas, 4 de fevereiro de 2004), foi uma poetisa, ficcionista, cronista e dramaturga brasileira. É considerada pela crítica especializada uma das maiores escritoras em língua portuguesa do século XX.

5 O Amor que gera a sinceridade

"O amor deve ser sincero."
(Romanos 12,9)

Ao ler o livro "O Caçador de Pipas", descobri que o problema das pessoas que são sinceras é achar que todo mundo também é. Sinceridade, essa palavrinha tão nobre, quase extinta no tempo atual.

O que é a sinceridade? A sinceridade é o traço do caráter ou da personalidade de um indivíduo. Ela é uma virtude que se traduz em uma conduta franca, verdadeira e leal.

Imagine alguém vir até você e perguntar: "Por que você não vai ao casamento?" Se você for sincero, não irá titubear em responder: "Infelizmente, eu não vou poder ir, porque não quero!" Pronto. A cena foi revestida de sinceridade. Você foi honesto, em primeiro lugar, com você!

Agora, responda rápido: você é uma pessoa franca, verdadeira e leal? Dessa resposta, depende a garantia do Amor, pois aqui habita a direção do que é sincero!

Certa vez, minha avó, de saudosa memória, contou-me uma história inquietante[1]:

"Basta de guerra", disse a coruja. "O mundo é grande, e tolice maior que o mundo é andarmos a comer os filhotes uma da outra."

"Perfeitamente", respondeu a águia. "Também eu não quero outra coisa."

"Neste caso combinemos isto: de agora em diante não comerás nunca meus filhotes."

"Muito bem. Mas como posso distinguir teus filhotes?"

"Coisa fácil. Sempre que encontrares uns borrachos lindos, bem feitinhos de corpo, alegres, cheios de uma graça especial, que não existe em filhote de nenhuma outra ave, já sabes, são os meus."

"Está feito!", concluiu a águia.

Dias depois, andando à caça, a águia encontrou um ninho com dois monstrengos dentro, que piavam de bico muito aberto.

"Horríveis bichos!", disse ela. "Vê-se logo que não são os filhos da coruja."

E comeu-os.

Mas eram os filhos da coruja. Ao regressar à toca, a triste mãe chorou amargamente o desastre e foi ajustar contas com a rainha das aves.

"Quê?", disse esta admirada. "Eram teus filhos aqueles monstrenguinhos? Pois, olha não se pareciam nada com o retrato que deles me fizeste..."

Qual a moral da história? *Quem ama o feio, bonito lhe parece!*

O que faltou nessa história: a sinceridade da coruja ou a honestidade da águia? Cada um faça sua reflexão, pois há momentos em que somos a coruja, que não foi completamente sincera, e, em outros momentos, somos a águia, desonesta!

Enquanto não nos dermos conta de que o amor sincero torna-se lar que nos aceita como somos, por isso nos permite crescer; de que o amor, que nos cria e nos recria, torna-nos novos, transforma-nos quase sem percebermos, tira o que há de melhor de nosso coração, faz-nos acreditar naquilo que podemos chegar a ser, quando nos deixamos conduzir e não hesitamos em ser honestos, tudo será complicado dentro de nós. Viveremos um turbilhão de sentimentos vazios, rotos, feridos. Continuaremos amarrados como o jumentinho do Evangelho. Enganados. Vivendo um conto de fadas em que a bruxa vencerá no final.

A sinceridade é libertadora, pois cria verdade em nós. Foi São Paulo quem disse: "Conhecereis a verdade, e a verdade vos libertará" (Jo 8,32).

Sem a verdade, tudo é mentira. Vão nos enganar. Vão mentir para nós. Vão ferir nossos sentimentos. Vão até declarar que nós não prestamos para nada. Desde pequeno, a vovó me ensinou isso. Nunca vou me esquecer das marcas de sinceridade que ela deixou impressas em meu ser. Embora sendo semianalfabeta, sempre tinha a palavra certa na hora mais sombria de minha vida. Era daquelas sabedorias adquiridas na taipa do fogão a lenha. Jamais os livros vão nos oferecer a ternura do olhar da vovó:

Nada se compara...

Acordei com o som de Beto Guedes cantarolando pela casa:
"Abelha fazendo mel, vale o tempo que não voou..."

[...]

Eu ainda tinha remelas nos olhos, mas, por incrível que pareça, já era noite. Será que naquele dia não amanheceu? O que houve? Não houve? Não ouço. Sim... ouço!

"Lembra que o sono é sagrado e alimenta de horizontes o tempo acordado de viver..."

[...]

Tinha cheiro de vida. De café feito no coador de pano. Do alho com cebola fritando o arroz, que, no processo do vir a ser, tornar-se-ia tropeiro...

[...]

A casa estava povoada. Logo meus olhos remelentos não acreditaram no que estavam vendo. Eles estavam ali. Naquela casa tão familiar. Meu Deus!...

[...]

E disse Platão: "Não espere por uma crise para descobrir o que é importante em sua vida".

Ao que replicou Confúcio: "Se não sabes, aprende; se já sabes, ensina".

Sêneca apimentou: "Quando se navega sem destino, nenhum vento é favorável..."

Veio Aristóteles e aqueceu o frio dos corações: "O que é um amigo? Uma única alma habitando dois corpos".

Francis Bacon exclamou: "A baixeza mais vergonhosa é a adulação!"

Albert Camus suavizou: "A grandeza consiste em tentar ser grande. Não há outro meio..."

Goethe quis ser ainda mais suave: "Gosto daquele que sonha o impossível..."

[...]

Ah... conversa apetitosa!

Há-braços...

Quanta sabedoria!

E eu com os olhos remelentos, mas com ouvidos limpinhos...

[...]

Foi quando Adélia Prado, com um buquê de rosas amarelas, entrou na varanda e disse: "Estou no começo de meu desespero, e só vejo dois caminhos: ou viro doida ou santa!"

Cora Coralina sorriu e resmungou: "O que vale na vida não é só o ponto de partida e sim a caminhada. Caminhando e semeando, no fim terás o que colher".

Lispector gargalhou: "Que ninguém se engane, só se consegue a simplicidade por meio de muito trabalho".

Gustavo Corção, vendo aquele emaranhado de ideias, pediu licença e verbalizou: "Pássaro e lesma, o homem oscila entre o desejo de voar e o desejo de rastejar..."

Alguém, não sei quem, ressuscitou Chersterton: "O grande poeta existe para mostrar ao homem pequeno o quanto ele é grande".

E o papo ao redor da fogueira foi esquentando...

[...]

Elis Regina entrou cantando: "É a lenha, é o dia, é o fim da picada. É a garrafa de cana, o estilhaço na estrada. É o projeto da casa, é o corpo na cama. É o carro enguiçado, é a lama, é a lama..."

Com cara de espanto, Vinícius de Moraes rezou: "Tenho um mistério a te dizer, mas quem sabe não ouvirias. Vendo-me criança, se é que fui criança um dia!"

[...]

E a cada frase, o cheiro de pinhão assado na brasa dava água na boca e fazia brotar frases e mais frases nos corações inquietos dos amigos...

Djavan pegou o violão e poetizou: "Meu bem-querer é segredo, é sagrado. Está sacramentado em meu coração..."

[...]

E todos cantavam... Era uma colcha de retalhos bem coloridos.

"Amor e o que é o sofrer, para mim que estou jurado pra morrer de amor?"

Vovó, na cadeira de balanço, pitava seu cachimbo e observava tudo em silêncio...

Mas eu conseguia ler seu olhar, que dizia: "O homem é senhor do que pensa e escravo do que fala".

E ele sorriu, sacudiu a cabeça, comeu um pinhão assado na brasa, inflou o peito e disse: "A vida não se resolve com palavras..." Era João Cabral de Melo Neto.

Silêncio sepulcral. Só os grilos, grilavam... Ninguém ousava falar. A coruja piava um tom trêmulo e sombrio...

Vovó, ainda na cadeira de balanço, pitou mais uma vez seu cachimbo ancestral e resmungou: "Olha, meu povo, de tudo vocês sabem dar notícia, mas só uma coisa basta nesta vida, e essa eu aprendi faz pouco tempo com uma mocinha chamada Ana Vilela: 'Segura teu filho no colo, sorria e abrace teus pais, enquanto estão aqui, que a vida é trem-bala, parceiro, e a gente é só passageiro prestes a partir'".

Foi quando senti algo estranho lambendo meu rosto. Era minha gata, a Marye, querendo comida. Hora de levantar. Apaguei a vela do criado-mudo e sorri para o quadro do Charlie Chaplin, que tenho em meu quarto, pois lá habita uma frase: "Em um filme o que importa não é a realidade, mas o que dela possa extrair a imaginação".

Ah, que saudade da vovó. Nada se compara a seus ensinamentos[2].

Amor. Sinceridade. Honestidade. Verdade. Eis os pilares para a libertação de nossa vida. Precisamos estar atentos, pois como nos segreda Chersterton[3]: "Nós não nos podemos contentar com a vaga frase moderna de que tudo é defensável desde que seja sincero. Um satanista sincero é um pior satanista. Existem teorias tão vis, crenças tão abomináveis, que só podemos suportar sua existência por descrer de sua sinceridade. A sinceridade nestes casos não tem qualquer valor moral. É como dizer que um canibal é sincero quando aprecia comer um missionário. Aqueles que falam em "tolerar todas as opiniões" são fanáticos que apenas aceitam essa mesma opinião. Existem opiniões que são, quer em sentido legal quer literal, intoleráveis, senão estamos a afirmar que alguém que agiu perfidamente está desculpado, se tiver pensado perfidamente também".

Coruja ou águia? Falta-nos sinceridade. Padre Fábio de Melo[4], certa vez, disse:

> Olho a meu redor e descubro que as coisas que quero levar não podem ser levadas. Excedem os tamanhos permitidos. Já imaginou chegar ao aeroporto carregando o colchão para ser despachado? As perguntas são muitas. E se eu tiver vontade de ouvir aquela música? E o filme que costumo ver de vez em quando, como se fosse a primeira vez?
>
> Desisto. Jogo o que posso no espaço delimitado para minha partida e vou. Vez em quando me recordo de alguma coisa esquecida, ou então, inevitavelmente concluo que mais da metade do que levei não me serviu para nada.

É nessa hora que descubro que partir é experiência inevitável de sofrer ausências. E nisso mora o encanto da viagem. Viajar é descobrir o mundo que não temos. É o tempo de sofrer a ausência que nos ajuda a mensurar o valor do mundo que nos pertence.

E então descobrimos o motivo que levou o poeta a cantar: "Bom é partir. Bom mesmo é poder voltar!" Ele tinha razão. A partida nos abre os olhos para o que deixamos. A distância nos permite mensurar os espaços deixados. Por isso, partidas e chegadas são instrumentos que nos indicam quem somos, o que amamos e o que é essencial para que a gente continue sendo. Ao ver o mundo que não é meu, eu me reencontro com desejo de amar ainda mais meu território. É consequência natural que faz o coração querer voltar ao ponto inicial, ao lugar onde tudo começou. É como se a voz identificasse a raiz do grito, o elemento primeiro.

Vida e viagens seguem as mesmas regras. Os excessos nos pesam e nos retiram a vontade de viver. Por isso é tão necessário partir. Sair na direção das realidades que nos ausentam. Lugares e pessoas que não pertencem ao contexto de nossas lamúrias... Hospitais, asilos, internatos...

Ver o sofrimento de perto, tocar na ferida que não dói em nossa carne, mas que, de alguma maneira, pode nos humanizar.

Andar na direção do outro é também fazer uma viagem. Mas não leve muita coisa. Não tenha medo das ausências que sentirá. Ao adentrar o território alheio, quem sabe assim seus olhos se abram para enxergar de um jeito novo o território que é seu. Não leve seus pesos. Eles não lhe permitirão encontrar o outro. Viaje leve, leve, bem leve. Mas se leve.

Tão claro. Tão escuro. Tão... Sejamos sinceros: há desonestidade em nós. O pecado nos desequilibrou.

Somos mentirosos. Rimos de quem cai. Aplaudimos com gargalhadas as videoscassetadas da televisão. Cultivamos desejos de vingança. Queremos o mal do outro. Sentimos inveja das conquistas alheias. Por isso a sinceridade é uma emergência.

Em seu poema, *Emergência*, Mario Quintana[5] diz:

> Quem faz um poema abre uma janela.
> Respira, tu que estás numa cela
> abafada,
> esse ar que entra por ela.
> Por isso é que os poemas têm ritmo –
> para que possas profundamente respirar.
> Quem faz um poema salva um afogado.

Assim como o poeta, precisamos ser sinceros. Precisamos desenhar a poesia da sinceridade, sem maquiagens espirituais desnecessárias.

Sem o Amor, que gera sinceridade em nossa vida, vamos viver um sobe e desce do descontrole. Seremos domados por aqueles que imprimem voz de comando sobre nós. Sem o Amor sincero, que nos reconstrói, infelizmente, seremos dominados e chegaremos até o chão da humilhação, da vergonha, do deboche, da vanglória, do drama e do vazio. O drama do vazio que abraça com força a vida das corujas e das águias.

A síndrome dos fogos de artifício. De que adiantam os fogos? Custam caro. Explodem. Colorem o céu. Duram apenas um instante. São passageiros. Logo o brilho some, vem o cheiro de fossa, que nos faz lembrar de nossas fraquezas, pois nesta vida, queira você ou não, todos nós temos vocação para o trono de nossas misérias.

E, após o show de pirotecnia, vassouras em ação, pois é hora de assumir, com sinceridade e honestidade, que gastamos dinheiro à toa, por algo que foi tão passageiro e custou tão caro.

Será que vale a pena investir naquilo que custa caro e tem a veste breve e curta de um simples momento? Não sei. Cada um saberá responder sob a ótica do Amor, que é sincero!

Uma última recomendação que quero deixar expressa nesta conversa: falar é a chave para qualquer relacionamento, mas é como você faz isso que faz toda a diferença. Se a coruja tivesse falado com sinceridade, talvez a águia teria sido um pouco mais honesta.

A sinceridade pode salvar sua família da ira dos desonestos famintos. Não deixe para depois o que você precisa fazer agora. Pegue seu celular, olhe seus contatos e diga, pelo menos para umas dez pessoas, o seguinte: "O que é nascido de Deus vence o mundo; e esta é a vitória que vence o mundo: nossa fé" (1Jo 5,4). Sabe por quê? Somos capazes de amar.

Cuide-se, dona águia, pois você também tem família. Seja sincera e vencerá.

SEM O AMOR SINCERO, QUE NOS RECONSTRÓI, INFELIZMENTE SEREMOS DOMINADOS E DESCEREMOS ATÉ O CHÃO DA HUMILHAÇÃO, DA VERGONHA, DO DEBOCHE, DA VANGLÓRIA, DO DRAMA E DO VAZIO... TEM HORAS QUE QUEREM NOS ENGANAR, OFERECEM-NOS UM CARVÃO, QUE, APAGADO, SUJA NOSSAS MÃOS E, ACESO, FERE-NOS O CORAÇÃO. CUIDADO! NÃO VENDA O BILHETE PREMIADO DE SUA HISTÓRIA. EXISTEM COISAS QUE SÃO SÓ ENTRE VOCÊ E DEUS!

NOTAS:

[1] Fábula de José Bento Renato Monteiro Lobato, que foi um escritor, ativista, diretor e produtor brasileiro. Foi também importante editor de livros inéditos e autor de importantes traduções. Seguido a seu precursor Figueiredo Pimentel ("Contos da Carochinha"), da literatura infantil brasileira, ficou popularmente conhecido pelo conjunto educativo de sua obra de livros infantis, que constitui aproximadamente a metade de sua produção literária.

[2] Pe. Rodrigo Rodrigues. *Há-braços:* o inacabado que vive em mim. Ed. Palavra & Prece.

[3] Gilbert Keith Chesterton, KC*SG, mais conhecido como G. K. Chesterton, foi um escritor, poeta, filósofo, dramaturgo, jornalista, palestrante, teólogo, biógrafo, literário e crítico de arte inglês. Chesterton é muitas vezes referido como o "príncipe do paradoxo". Chesterton é bem conhecido por seu personagem de ficção, o sacerdote-detetive Padre Brown, e por sua fundamentada apologética.

[4] Cantor, escritor, professor universitário, apresentador, Padre Fábio é certamente um dos grandes evangelizadores do país. Pertenceu à Congregação dos Sacerdotes do Sagrado Coração de Jesus. Atua na Diocese de Taubaté, no interior do Estado de São Paulo. Atualmente, apresenta o programa Direção Espiritual, transmitido pela TV Canção Nova.

[5] Foi um poeta, tradutor e jornalista brasileiro. Mário Quintana fez as primeiras letras em sua cidade natal. Mudou-se, em 1919, para Porto Alegre, onde estudou no Colégio Militar e publicou suas primeiras produções literárias. Trabalhou na Editora Globo e, depois, na farmácia paterna. Considerado o "poeta das coisas simples" com um estilo marcado pela ironia, profundidade e perfeição técnica, trabalhou como jornalista quase toda a sua vida.

6 O AMOR QUE FAZ NASCER A GENEROSIDADE

"Esta é minha oração: que o amor de vocês aumente cada vez mais em conhecimento e em toda a percepção, para discernirem o que é melhor, a fim de serem puros e irrepreensíveis até o dia de Cristo, cheios do fruto da justiça, fruto que vem por meio de Jesus Cristo, para glória e louvor de Deus."
(Filipenses 1,9-11)

A cada dia estou mais convencido de que Deus permite a tribulação para tirar o melhor de nós. Até porque não há óleo sem o choro da azeitona. A azeitona precisa chorar. As pedras precisam esmagá-la.

Você tem chorado? Calma... É Deus querendo tirar azeite da vitória de seu coração. Não queira esconder-se. Enfrente sua dor...

Certa vez, li algo de Clarice Lispector,[1] que me causou espantoso assombro, de tanta sinceridade nas palavras:

> Sou composta de urgências
> minhas alegrias são intensas
> minhas tristezas, absolutas.
> Me entupo de ausências,
> me esvazio de excessos.
> Eu não caibo no estreito,
> eu só vivo nos extremos.
> Eu caminho, desequilibrada,

em cima de uma linha tênue
entre a lucidez e a loucura.
De ter amigos eu gosto
porque preciso de ajuda pra sentir,
embora quem se relacione comigo
saiba que é por conta própria e autorrisco.
O que tenho de mais obscuro,
é o que me ilumina.
E a minha lucidez é que é perigosa ...
Se eu pudesse me resumir,
diria que sou irremediável!"

Também nós somos irremediáveis. Essa é nossa doença. Essa é nossa dor. Só o Amor vai nos curar. E, uma vez curados, azeite seremos, e este fará milagre nas mesas. Famílias serão abençoadas com o azeite de sua dor. Como nos diz o texto Sagrado em evidência: "Esta é minha oração..."

Qual oração? Que o amor aumente, ainda que existam em nós a dor, a luta, a batalha, a doença, o desemprego. Só com amor nosso conhecimento e nossa percepção chegarão ao nível de discernimento para conseguirmos abraçar o Dia de Cristo!

Tenho certeza de que nossa oração nos dará discernimento; ou melhor, nossa oração fará com que Deus nos batize com o Óleo do Discernimento. E com esse batismo, teremos uma explosão de generosidade!

A esse respeito disse Clarice Lispector: "Um dos gestos mais belos e generosos do homem, andando vagarosamente pelo campo lavrado, é o de lançar na terra as sementes".

Então, quer ser honrado? Quer honra? Honre quem é Digno de toda a glória e de todo o louvor. Ainda que nos custe a vida, prefiramos ser fiéis, pois isso nos fará ganhar a Vida Eterna.

Entendeu? Faça como a Dalva... Aquela que me ensinou o que é ser generoso. O que é viver o Amor:

Dalva

Quisera eu ter conhecido a Dalva. Um ser humano exemplar, pregou a Boa-Nova com a própria vida. Mesmo com sua partida, deixou pérolas litúrgicas muito preciosas a cada um de nós.

Seria bom ter experimentado a alquimia de seus tempos e descobrir as receitas que lhe fizeram viver no escondimento da caridade. Ela soube viver o litúrgico da palavra que sacramenta: "O que a mão direita faz o vizinho não precisa saber".

Como não ser grato a Deus? No mesmo dia em que a decepção bateu à porta de minha incompreensão, veio um pássaro de asas douradas, com mãos de mestre antigo, e me apresentou a Dalva.

Quisera eu ter conhecido a Dalva! Ela partiu e não me segredou sua cor predileta, mas posso acreditar que é a cor da bondade, da cordialidade, do gesto litúrgico de quem já vivia o temporal de sua história. Sem sombras de dúvida, Deus morava na casa simples, humilde e presepeira da Dalva.

E como ele sempre será um bom hóspede, que aceita cada centavo de Amor para quem o abriga, após a partida da Dalva, Ele acompanhou para morar definitivamente na casa que possui ruas de ouro com poesia de diamantes.

Imagino o grande sorriso branco da Dalva. Ela mora na Casa de Deus, edifício Santo, construção do Senhor!

Enquanto fico aqui, vou seguindo nas cantilenas desta vida marcada por lamas que insistem em tingir de feiura a talha de nosso coração. E rezo. E espero. E confio. E busco amar!

Meu Deus... lhe sou grato por iluminar meu dia... Tu és aurora em meu caminho!

Meus dias, minha vida, minhas histórias, minhas horas têm sido marcados por tua presença, e, às vezes, não sei se tua graça sempre se fará presente em todos os milímetros de minha vida.

Ei, Jesus! Meu Senhor e meu Deus, cuida bem da Dalva para nós! Um dia nos encontraremos.

Quero abraçar o Senhor, beijar tuas Mãos Chagadas e pedir que o Senhor me apresente quem é a Dalva, que tanto me ensinou a pertencer ao Céu, já aqui na terra.

É isso...[2]"

Já dizia Dom Paulo Evaristo Arns[3]: "Generosidade não é dar, mas dar-se, assim como Cristo se deu a todos nós".

E no Apocalipse 2,10 lemos: "Sê fiel até a morte e dar-te-ei a coroa da vida".

Ser fiel. Ser fiel. Ser fiel...

Aquela fidelidade do garoto que veio me entregar, ao fim de um dia extremamente quente, a garrafinha de água mineral que eu havia esquecido no escritório de contabilidade.

Por que ele veio me trazer? Por que ele não tomou a água se ela estava fechada? Era um dia quente, e ele guardou a garrafinha o dia todo! Meu Deus, ele foi batizado em sua fidelidade. Por isso, ainda que a figueira não floresça, seja fiel! Ofereça azeite! Ainda que o mundo inteiro pareça desistir, ofereça azeite. Ainda que ninguém queira o amor, ofereça azeite.

Não se engane, esse azeite do amor tem horas que precisa ter gosto amargo. Precisa ser espremido com pesadas pedras, para que ofereça o melhor, o mais profundo, o mais puro, o mais limpo e o mais precioso de si.

Digo isso porque, certa vez, em uma palestra motivacional, o pregador disse:

"Em uma escola pública, estava ocorrendo uma situação inusitada: meninas de 15, 16 e 17 anos que usavam batom, todos os dias, beijavam o espelho para remover o excesso.

O diretor andava bastante aborrecido, porque o zelador tinha um trabalho enorme para limpar o espelho ao final do dia. Mas, como sempre, na tarde seguinte, lá estavam as mesmas marcas de batom.

Um dia, o diretor juntou o bando de meninas no banheiro e explicou pacientemente que era muito complicado limpar o espelho com todas aquelas marcas que elas faziam. Fez uma palestra de uma hora. No dia seguinte, as marcas de batom no espelho do banheiro reapareceram.

No outro dia, o diretor juntou o bando de meninas e o zelador no banheiro e pediu ao zelador para demonstrar a dificuldade do trabalho. O zelador imediatamente pegou um pano, molhou no vaso sanitário e passou no espelho.

Nunca mais apareceram marcas de batom no espelho![4]

Pare para pensar. Que nojento! Às vezes, só à base de pauladas que aprendemos. O amor nos espreme. Educa-nos. Constrange-nos. Modela-nos. "Nunca mais apareceram marcas de batom no espelho!" Aquelas garotas foram passadas pelo cadinho da humilhação. Beijaram a terra de suas vergonhas. Caíram na real! Sabe por quê?

Quem nos ensina é o Pe. José Eduardo de Oliveira e Silva[5]:

> Por trás de aparentes males, minha Providência abre oportunidades novas para que avances em meu Reino. Se te fixares nos limites, não enxergarás as possibilidades. Abre tua mente e aprende a discernir minha vontade, pois eu te constituí como intérprete de minha Providência, para que colabores ativamente com ela. Quando permitires que a fé produza em ti confiança, deixarás meu amor fundir tua vontade com a minha e perceberás que tudo nunca esteve tão bem quanto agora. Não será que esta crise é apenas o início de uma maravilhosa estação na história de tua vida?...

O amor tem dessas coisas. Vladimir Maiákovski[6] diz: "Amar não é aceitar tudo. Aliás: onde tudo é aceito, desconfio que não há amor!" É interessante, pois há momentos em que precisamos dar esse grito de amor-responsável, para que as pessoas possam libertar-se de si mesmas.

"Esta é minha oração..." A oração que fará com que "... Nunca mais apareçam marcas de batom no espelho!"

Marcas são marcas. Marcas têm história. Marcas têm ensinamento. Marcas têm discernimento. E aqui acrescenta o Pe. José Eduardo de Oliveira e Silva:

> O diabo usa contra ti duas armas: o pecado e o desespero. Pela primeira, faz-te cair; pela segunda, mantém-te no chão. Não desanimes! Acaso pensas que sou um Deus mesquinho, que quer a morte do pecador e não que se converta e viva?... Tenho prazer em perdoar e levantar-te. Não apenas posso, como quero fazê-lo. Eis que te ergo agora mesmo, pois sou o Deus perdoador. Venho hoje curar-te de teu desalento e trazer-te de volta. Levanta de onde caíste e vem. É hora de retornares a meu amor!

Só quem já provou o gosto amargo das marcas sabe o quanto é bom e precioso o dom de ir e vir neste processo de crescimento, de expansão que o amor realiza em nós.

Gosto de uma frase de São José Maria Escrivá[7], que é um tanto dura, mas que retrata muito bem a tarefa do Amor: "Faz-me santo, meu Deus, ainda que seja à paulada. Não quero ser o peso morto de tua Vontade. Quero corresponder, quero ser generoso... Mas, que espécie de querer é o meu?"

Só com generosidade, conseguiremos oferecer azeite, após a dor. Sem generosidade, não há azeite; quem sabe apenas uma reclamação, mas óleo de exultação, de glória, de louvor, de esperança, de vida... não!

Por fim, a resposta para esse desabafo:

> "Sabe por que Deus mandou Abraão sair de Ur, do meio de sua parentela para fazer aliança com ele? Porque enquanto você não assumir a individualidade espiritual de seu chamado e a responsabilidade de receber pessoalmente a visão e gerar, em função disso, seu nível de unção, seu ministério não irá deslanchar. Aprenda a cortar com o passado, a romper com as coberturas

de outrora e a andar sob a Palavra profética, na direção de Deus. Ele tem mais para liberar. Não limite a mão dele. Se as coisas não andam, aprenda que é você que precisa andar. Entre no Espírito, receba o poder de Deus!" (Pe. José Eduardo de Oliveira e Silva)

Tomara que eu e você não tenhamos nunca que aprender com o pano sujo do zelador! E se, infelizmente, nossa teimosia for maior do que o amor, que possamos rezar como as irmãs Anselma, Judite, Margherita e Reginette, missionárias que foram assassinadas no Iêmen por revoltosos islâmicos:

> "Senhor, ensinai-me a ser generosa.
> Ensinai-me a servir-vos como vós mereceis,
> a ofertar sem calcular o custo,
> a lutar sem reparar nas feridas,
> a trabalhar sem procurar descanso,
> a trabalhar sem pedir recompensa.
> Amém".

**MARCAS SÃO MARCAS...
MARCAS TÊM HISTÓRIA.
MARCAS TÊM ENSINAMENTO.
MARCAS TÊM DISCERNIMENTO.
SÓ QUEM JÁ PROVOU O GOSTO AMARGO DAS MARCAS SABE O QUANTO É BOM E PRECIOSO O DOM DE IR E VIR NESTE PROCESSO DE CRESCIMENTO, DE EXPANSÃO QUE O AMOR REALIZA EM NÓS.**

NOTAS:

[1] Foi uma escritora e jornalista ucraniana, naturalizada brasileira. Autora de romances, contos e ensaios, é considerada uma das escritoras brasileiras mais importantes do século XX e a maior escritora judia desde Franz Kafka. Sua obra está repleta de cenas cotidianas simples e tramas psicológicas, reputando-se como uma de suas principais características a epifania de personagens comuns em momentos do cotidiano. Quanto a sua brasilidade, declarava ser pernambucana.
[2] Pe. Rodrigo Rodrigues. *Há-braços:* o inacabado que vive em mim. Ed. Palavra & Prece.
[3] Foi um frade franciscano e cardeal brasileiro. Foi o quinto arcebispo de São Paulo, tendo sido o terceiro prelado dessa Arquidiocese a receber o título de cardeal. Era arcebispo-emérito de São Paulo e protopresbítero do Colégio Cardinalício. Sua atuação pastoral foi voltada aos habitantes da periferia, aos trabalhadores, à formação de comunidades eclesiais de base nos bairros, principalmente aos mais pobres, e à defesa e promoção dos direitos da pessoa humana. Ficou conhecido como o Cardeal dos Direitos Humanos, principalmente por ter sido o fundador e líder da Comissão Justiça e Paz de São Paulo; e sua atividade política era claramente vinculada a sua fé religiosa.
[4] Pode-se encontrar o texto na íntegra, no site www.recantodasletras.com.br
[5] O Pe. José Eduardo de Oliveira e Silva nasceu em Piracicaba, SP, e ainda criança mudou-se para Carapicuíba, onde descobriu a vocação sacerdotal. Foi ordenado sacerdote da Diocese de Osasco, em 2006. É doutor em Teologia Moral pela Universidade da Santa Cruz, em Roma. A partir de 2013, tornou-se conferencista em temas como gênero, aborto, defesa da família e educação. Atualmente, é Pároco da Paróquia São Domingos, em Osasco, SP.
[6] Também chamado de "o poeta da Revolução", foi um poeta, dramaturgo e teórico russo, frequentemente citado como um dos maiores poetas do século XX, ao lado de Ezra Pound e T.S. Eliot, bem como "o maior poeta do futurismo".
[7] Foi um sacerdote católico espanhol e fundador do Opus Dei, uma Prelazia Pessoal da Igreja Católica. Foi canonizado em 2002 por São João Paulo II. Iniciou sua atividade pastoral em paróquias rurais, continuando-a posteriormente pelos bairros pobres e hospitais de Madrid, onde realizou numerosas obras de misericórdia, e entre os estudantes universitários também. Nessa época, exerceu o cargo de capelão do Patronato de Enfermos.

7 O Amor de Deus

"Todavia, Deus, que é rico em misericórdia, pelo grande amor com que nos amou, deu-nos vida com Cristo quando ainda estávamos mortos em transgressões – pela graça vocês são salvos."
(Efésios 2,4-5)

Que bela expressão: Deus é rico em Misericórdia! Mas, ainda que isso seja um fato real, a todo momento, sofremos a tentação de mudar a rota, de desistir de alguns projetos, de deixar para depois uma obra começada, um tratamento que parece não estar dando resultado, enfim, momentos em que não sabemos se devemos continuar ou parar, se continuamos por aqui ou pegamos outro caminho.

Mesmo assim, não nos desviemos do caminho, não saiamos da rota. Embora eu confie nisso, preciso confessar: eu morria de medo do bicho-papão! Sim, ele era o terror de minhas noites:

Bicho-papão...

Lodo... Muito lodo!

Era semelhante a um lamaçal de fezes...

O cheiro era insuportável: urina de muitos dias... um chorume mal-cheiroso!

Escuridão!

Pelas pernas do homem mau, escorriam lesmas e sanguessugas que pareciam os tapuru que comem lixo...

O hálito era forte... Tinha cheiro de ovo choco!

Os dentes eram todos cariados... e estavam fervendo de míiase.

A cena era assustadora.

Nas mãos, garras pontiagudas como lanças em batalha!

Os olhos, feito duas bolas de fogo vermelhas... Fiquei com muito medo!

Era pior que o bicho-papão, que a mamãe dizia morar debaixo de minha cama.

Não sorria.

Tinha focinho de porco, orelhas de lobo, rabo de cavalo, pés de galinha e estava mais enrugado que um maracujá maduro...

No olhar era um ladrão. No sorriso tinha uma arma. Nos passos, uma implosão.

Era pior que o bicho-papão. Eu preferia a Cuca...

Quanto medo!

Segurei a medalhinha que ganhei da boa senhora e rezei: "Me pega no colo. Tô com medo!"

Senti uma mão acariciando meu rosto...

Era minha mãe...

"Ei. Acorda! Está tudo bem?"

"Mãe, o café está pronto?"

"A mesa está posta, meu filho".

Era apenas um sonho.

Nunca mais... nunca mais... quero visitar, ainda que seja em sonho, o vale da sombra da noite!

Vou indo... A mesa está posta!

E tem café fresquinho[1].

Eu venci o bicho-papão! Deus é rico em Misericórdia! E aqui eu lhe pergunto: "Você tem feito as coisas de forma correta? Tem se dedicado, esforçado-se para que tudo dê certo?"

Então, esse é o caminho; não se desespere, caso os resultados não tenham chegado ainda; não desanime, só porque parece que para os outros as coisas são mais fáceis. Não desista, achando que isso tudo foi uma ilusão ou algo precipitado.

Ouça: o caminho é esse. Não existe estrada ou caminho que ligue o nada a lugar nenhum. Coragem! Eu venci o bicho-papão! Deus é rico em Misericórdia! Eu tive a certeza disso na Santa Missa exequial do primo de um padre amigo meu.

Na homilia, meu amigo padre[2] rasgou o coração e pregou sobre o Amor de Deus:

> Hoje, sepultamos o primo Sergio. Na homilia da celebração das Exéquias, falei sobre o amor de Deus pelos pecadores. Um amor incondicional, que espera apenas uma resposta: que aceitemos esse amor expresso na cruz do Calvário. Ele não nos ama porque somos agradáveis e merecedores de seu amor. Quando ainda éramos pecadores, Ele nos amou. Não esperou por nossa ética, boa vontade, boas obras, santidade, bondade. Foi assim com Levi-Mateus, foi assim com Zaqueu e com a mulher pega em adultério. Primeiro Ele os amou. Os fariseus ficavam enfurecidos com essa facilidade de amar de Deus: o médico veio para os enfermos. Os que se acham sãos não precisam dele!
>
> Parece uma graça barata? Mas não é. Custou o sangue precioso de Deus, derramado no Madeiro. Graça cara e incompreensível, como a graça que salvou o ladrão crucificado ao lado de Jesus. O que ele fez para merecer? Nada. Apenas aceitou o amor inocente de Jesus! E ele, em um último olhar, pediu-lhe o Paraíso. Fez como uma criancinha, que se lança confiante nos braços do Pai, que diz: Pula! Como aquelas crianças que pulavam nos braços de Jesus e os apóstolos não queriam permitir que perturbassem o Senhor. Mas foi para isso que Ele veio: para ser perturbado por nós, criancinhas sem juízo!
>
> Os fariseus não entenderam tão grande amor! Só se aproximam dessa graça os que precisam dela, pois não têm mais nada: os incorrigíveis, os abandonados, os excluídos, os vigaristas, os publicanos, as prostitutas, os bêbados, os que, como eu e você, sabemos que são pecadores sem nada a oferecer.

Esse é o escândalo da Cruz! Escândalo do amor de Deus que esse meu primo, enfermo psicologicamente, experimentou em seus momentos de altos e baixos. O peso da vida parecia-lhe insuportável, como parece a tantos! Em um desses momentos de lucidez, o Senhor o chamou! Seu último olhar, como o de Jesus no Calvário, foi em direção a sua bondosa mãe, que sempre esteve a seu lado. Meu primo amava muito Nossa Senhora, e Ela lhe deu esse derradeiro carinho, a graça do último olhar de sua mãe.

Morreu tranquilo e sereno, sob os cuidados daquela que sempre lutou e brigou por ele e com ele. Tia Maria, Nossa Senhora lhe recompense todo o sofrimento e zelo.

Conto isso para servir como testemunho diante do abismo infinito da misericórdia de Deus. Hoje, pude entender melhor o que significa "Deus me ama".

Descanse em paz, meu primo! Amém!

O caminho sempre o conduzirá a algum lugar. Entendeu? Cada um tem sua história. Tenha calma. Tenha fé. Acredite. Dias melhores virão.

Solano Trindade[3], em *Gravata Colorida*, segreda-nos a esse respeito:

> Quando eu tiver bastante pão
> para meus filhos,
> para minha amada,
> pros meus amigos,
> e pros meus vizinhos;
> quando eu tiver
> livros para ler,
> então eu comprarei
> uma gravata colorida,
> larga,
> bonita,
> e darei um laço perfeito,
> e ficarei mostrando
> a minha gravata colorida

a todos os que gostam
de gente engravatada...

Dias melhores virão. Sabe por que digo isso? Gosto de uma parábola muito interessante e conhecida, que talvez nos ajude a compreender essa difícil tarefa de seguir em frente: A Ilha dos Sentimentos[4].

Era uma vez uma ilha, onde moravam todos os sentimentos: a Alegria, a Tristeza, a Sabedoria e todos os outros, inclusive o Amor. Um dia, foi avisado aos moradores que aquela ilha iria afundar. Todos os sentimentos apressaram-se para sair da ilha.

Pegaram seus barcos e partiram. Mas o Amor ficou, pois queria ficar mais um pouco com a ilha, antes que ela afundasse. Quando, por fim, estava quase se afogando, o Amor começou a pedir ajuda. Nesse momento estava passando a Riqueza, em um lindo barco. O Amor disse: "Riqueza, leve-me com você".

"Não posso. Há muito ouro e prata em meu barco. Não há lugar para você."

Ele pediu ajuda à Vaidade, que também vinha passando: "Vaidade, por favor, ajude-me".

"Não posso ajudá-lo, Amor, você está todo molhado e poderia estragar meu barco novo."

Então, o Amor pediu ajuda à Tristeza: "Tristeza, leve-me com você".

"Ah! Amor, estou tão triste, que prefiro ir sozinha."

Também passou a Alegria, mas ela estava tão alegre que nem ouviu o amor chamá-la.

Já desesperado, o Amor começou a chorar. Foi quando ouviu uma voz: "Venha, Amor, eu levo você!"

Era um velhinho. O Amor ficou tão feliz que nem perguntou o nome dele. Chegando do outro lado da praia, perguntou à Sabedoria: "Sabedoria, quem é aquele velhinho que me trouxe aqui?"

A Sabedoria respondeu: "É o TEMPO".

"O Tempo? Por que só o Tempo quis me trazer?"

"Porque somente o Tempo é capaz de entender o 'AMOR'."

Viu só? Só o tempo é capaz de entender o Amor. Por isso, faço questão de anotar aqui a gratidão de um amigo padre[5]:

11 anos de padre...

Quando eu era criança, gostava demais daqueles livros de colorir. Alguns vinham com os desenhos, e eu, quando chegava a casa, abria logo meu estojo de lápis e giz para pintar. Giz e lápis eu tinha de todo o jeito e de todas as cores. Gostava dos menores e descascados, pareciam caber melhor em minhas mãos.

Às vezes, o livro de colorir vinha com a paleta de guache e o pequeno pincel. Aí a diversão era maior: misturava as cores, borrava o desenho, saía cavalo verde, árvore roxa, flor preta, pintinho vermelho. Quantas vezes ouvi: a árvore é verde, o chão é marrom. Flor preta não existe! Pinte direito! Pinte direito! Pinte direito! Mal sabia minha tia Ana como tudo aquilo estava perfeito para mim.

Massinha de modelar, então, era uma festa! Via as crianças de minha turma, lá no Colégio Progresso, em Araraquara, separando as cores. Modelando bichos e carrinhos de uma cor só. Tia Silvia, minha professora do pré-primário, até tentava orientar: "Renato, não misture as cores, vai estragar". Vai estragar! Vai estragar!

Mal sabia ela o quanto eu gostava daquelas massinhas misturadas. Conseguia ver naquele entrelaço de cores tanta coisa! Minha fazendinha ficava alegre! O cachorro, por ser vermelho, jamais tiraria sarro da vaquinha, só por ela ser amarela. Todas as modelagens eram iguais. Tudo massinha misturada. Todas as pequenas peças que eu fazia, com todo o cuidado, tinham todas as cores.

Minha tia Benedita pôde me oferecer um bom estudo, no Colégio Progresso de Araraquara! Meus pais jamais teriam condição de me colocar em uma escola como essa. Até hoje, é considerado o melhor ensino de minha cidade. Mas eu continuava sendo uma criança pobre no meio de um monte de crianças muito bem de vida. Elas chegavam de carro, e eu, a pé. Tinham do melhor, e eu do que podia. Acha que eu ligava? Jamais! Tinha boa educação, brincava com todo mundo, sabia entrar e sair das festinhas de aniversário, mesmo não tendo as melhores roupas.

E foi assim que eu cresci. Não gostava de gibis prontos e já coloridos, seguindo os padrões e as margens, nem das coisas definidas por suas cores e por suas formas, e nunca me importou o que se tinha, até porque, eu mesmo tinha muito pouco.

Hoje, com 11 anos de padre, busco nisso todo o sentido de meu sacerdócio. Eterna mania que eu tenho de amar o borrado, o misturado, o quebrado, o incompleto. Eterna mania desse meu olhar de olhar quem ninguém jamais olha. Dolorida mania desse meu coração de bater mais forte por quem já está desacreditado.

Nesta caminhada até aqui, curta, mas custosa, quantas portas fechadas, quanto descrédito, quanta insegurança!

Às vezes, é incompreensível a um coração, que não é de padre, esse meu jeito de amar e de cuidar de quem, talvez, não mereça. Mas eu digo uma coisa: só sabe o valor de uma porta aberta quem recebeu muitas fechadas na cara só sabe o valor de um "eu acredito em você" quem foi desacreditado até por si próprio. Só sabe o valor de um teto quem ouviu "Não tem lugar para você aqui".

Eu vivo minha vocação para os contrários e para os avessos. Para os direitos e os prontos muitos já vivem! Encanta-me a beleza dos que não têm beleza para mostrar. Fascina-me o que Deus pode realizar na vida daqueles que todos dizem que não vão dar em nada. Obrigado, meus amigos. Obrigado, minha família. Obrigado, meu povo! Deus é o sentido, e vocês são a razão daquilo que eu sou.

Viram só? Somente com o amor é que podemos caminhar. A esse respeito o papa emérito Bento XVI disse: "O Amor é a única força que pode verdadeiramente transformar o mundo, pois, onde há amor, Deus aí está!"

Cabe a nós a lembrança sempre bela e atraente de nossa catequese quando aprendemos: "A Esperança corresponde ao desejo de felicidade que Deus colocou no coração de todo o homem; assume as esperanças que inspiram as atividades dos homens, purifica-as e ordena-as para o Reino dos Céus; protege contra o desânimo; sustenta no abatimento; dilata o coração na expectativa da bem-aventurança eterna. O ânimo que a esperança dá preserva do egoísmo e conduz à felicidade da caridade[6]".

Está difícil? Coragem! Eu venci o bicho-papão! Deus é rico em Misericórdia! Há em nosso coração algo dado pelo próprio Deus: a Esperança. Aquela força sobrenatural que nos impulsiona, que nos dá vida, que nos dá coragem, ainda que não tenhamos força alguma. A mesma coragem que impulsionou o corpo franzino de Madre Teresa de Calcutá, quando foi interpelada por um repórter acerca de seu trabalho com os pobres: "O senhor não daria banho a um leproso nem por um milhão de dólares? Eu também não. Só por amor se pode dar banho a um leproso".

Só por amor. Só com Amor. Nada além do amor. Aquele amor sincero das crianças: desapegado, terno e verdadeiro. Como o da garotinha que, do fundo da igreja, observava uma estátua de Nossa Senhora de Lourdes, com as bem conhecidas mãos juntas em oração. Ela não parava de olhar para trás, a fim de contemplar a belíssima imagem lá fora. A mãe então lhe perguntou, com voz baixinha: "Você viu como ela é linda? É Maria, a mamãe de Jesus! Você sabe o que ela está fazendo?" "Sim, mamãe! Ela vai mergulhar![7]"

Quanta inocência! Quanto amor, que derruba qualquer falsa ideia de si e do outro. O mesmo amor dos garotinhos que, enquanto eu rezava a Santa Missa do Sagrado Coração de Jesus, tinham os olhos fixos no presépio.

Quando terminou a Santa Missa, eu perguntei: "O que vocês tanto olhavam?" E o mais novo respondeu: "Ah, padre, está faltando o Menino Jesus!" Foi quando, sorrindo, eu continuei: "Nossa, onde será que Ele está?" "Ah, padre, o senhor não sabe? Ele está na barriga de Nossa Senhora e vai nascer no Natal!" "Verdade?", indaguei! "Sim, padre." "Nossa! Quando Ele nascer, vocês me ajudam a cuidar dele? Bebezinhos costumam chorar muito, e eu não quero ninguém chorando na igreja." "Padre, Ele não vai chorar!", replicou o garotinho mais velho.

E o mais novinho disse: "Tá bom, paaaaaaadre, eu trago uma mamadeira. Ele não vai chorar e atrapalhar a Missa de Natal! E, se chorar, eu o coloco para dormir.

Com a voz embargada pelas lágrimas, só pude dizer: " Obrigado. Eu vou esperar a mamadeira do Menino Jesus!"

Essas crianças têm o dom de nos fazer amar! O comportamento de fé que elas possuem vale o preço de uma aula de catequese. E que aula! Que conteúdo! De fato, Deus nos ama. E, porque nos ama, liberta-nos. Não somos o povo da cadeia, mas o povo da libertação. Não estamos presos, mas livres, leves e soltos no Amor de Deus. É Ele quem nos envolve. É Ele quem nos preenche. É ele quem nos completa.

Certa vez, eu senti o poder do Amor de Deus, quando um amigo me disse: "Padre, há três anos, eu queria que um carro passasse por cima de mim, mas, na Missa de Pentecostes, Jesus falou comigo pela boca do senhor!" "Mas o que eu disse?" "Doses de Misericórdia, o Senhor Deus nos oferece a cada dia. E assim, o lixo torna-se luxo e o pecador torna-se santo." "Que bênção!", eu disse. "Daquele dia em diante, o senhor me pediu que parasse de chorar e agradecesse tudo o que eu tinha. Desde então, padre, só tem sido crescimento." "Fico feliz por você!" "Padre, hoje a única coisa que digo às pessoas é: 'Agradeçam o que Deus lhes deu e parem de lamentação, pois lamentação serve de nada, agradecimento sim'."

O Amor de Deus... Esse Amor que nunca se cansa de amar. O papa Francisco, certa vez, disse: "Como Deus manifesta o amor? Com as grandes coisas? Não: rebaixa-se, rebaixa-se, rebaixa-se com esses gestos de ternura, de bondade. Faz-se pequeno. Aproxima-se. E, com essa proximidade, com esse rebaixamento, Ele nos faz entender a grandeza do amor. O grande deve ser entendido por meio do pequeno".

Deus Terno! Sempre Terno e E-Terno. Não desiste de nós, ainda que tenhamos arraigado em nosso coração o desejo de roubar, matar e destruir.

A inveja nos consome. O orgulho é cruel. O ódio tem vida própria em nosso coração. Somos mentirosos. Mesquinhos. Avarentos. Pe-ca-do-res... E só Ele é Pura Misericórdia. O que a mão Dele estabelece ninguém muda. É preciso confiar, pois viver é desafiador. E ninguém cresce na comodidade, mas o crescimento vem com a adversidade de cada dia. E mais, você quer ser querido? Aprovado por todos? Reconhecido? Aclamado com muito louvor? Chamado para todas as honrarias desta vida? Se você realmente segue a Cristo, não vai dar! É impossível. Essa realidade não combina com o Amor da Cruz.

Como diz o Cardeal Charles Journet[8]: "A Igreja carrega, dentro de seu coração, Cristo lutando contra Belial". Lutar contra Belial é nossa tarefa. Não se engane, pois o mundo não é bonzinho, ainda que tenha sido criado por Deus. O mundo não ama. O mundo é interesseiro. O mundo é cão! Só o Amor de Deus é capaz de reativar a centelha de bondade que se perdeu nos corações. E alguns podem dizer: "Nossa, que padre pessimista!" Ao que respondo com palavras que sempre norteiam minha falta de amor: "Olhe para você e encontrará, em toda a longa jornada de sua vida, apenas ódio, solidão, desespero, ruína e decadência. Porém olhe para Cristo e vai encontrá-lo e com Ele tudo do que mais necessita"[9].

O Amor de Deus é de sempre e para sempre. Não há pessimismo em nossas palavras, mas um olhar alargado e fecundo, mergulhado nas lágrimas de um povo que sofre, geme e chora as dores que só o Amor pode curar.

Entenda, de uma vez por todas, não são as riquezas que precisam ser destruídas, mas os vícios do coração, que provocam a avareza dos que possuem e a cobiça dos que não possuem. Avareza. Cobiça. Só o Amor de Deus poderá vencer essas raízes más, fincadas em nosso coração. Não se desespere. Ele é Amor! Coragem! Deus é rico em Misericórdia.

NÃO EXISTE ESTRADA OU CAMINHO QUE LIGUE O NADA A LUGAR NENHUM.
O CAMINHO SEMPRE O CONDUZIRÁ A ALGUM LUGAR...
TENHA CALMA. TENHA FÉ.
ACREDITE.
DIAS MELHORES VIRÃO.
O AMOR O AMA!
ELE MORREU DE AMOR POR VOCÊ NO ALTO DA CRUZ DO CALVÁRIO.

NOTAS:

[1] Pe. Rodrigo Rodrigues. *Há-braços:* o inacabado que vive em mim. Ed. Palavra & Prece.

[2] Pe. Ubirajara de Melo é padre da Diocese de Osasco, SP. Mestre em Teologia Dogmática pela Pontifícia Faculdade de Teologia Nossa Senhora da Assunção, da PUC-SP. Atualmente, é professor do Instituto de Filosofia da Diocese de Osasco. É pároco da paróquia Nossa Senhora de Lourdes em Barueri, SP, e autor dos livros *Quando orardes*, pela Editora All Print, e *Graça e Libertação*, pela Palavra&Prece Editora.

[3] Foi um poeta brasileiro, folclorista, pintor, ator, teatrólogo, cineasta e militante comunista. Filho do sapateiro Manuel Abílio Trindade, foi operário, comerciário e colaborou na imprensa. No ano de 1934, idealizou o I Congresso Afro-Brasileiro no Recife, Pernambuco, e participou, em 1936, do II Congresso Afro-Brasileiro em Salvador, Bahia.

[4] Fonte: http://www.novamensagem.com.br

[5] Pe. Renato Augusto Tampellini, Diocese de Campo Limpo, São Paulo. Pároco da Paróquia Verbo Divino.

[6] *Catecismo da Igreja Católica*, 1818.

[7] Fonte: pt.aleteia.org

[8] Charles Journet estudou no seminário de Friburgo os temas da teologia e filosofia católicas. Em 15 de julho de 1917, recebeu o sacramento da Ordem e tornou-se pastor paroquial, no bispado de Lausanne, Genebra e Friburgo. De 1924 a 1965, ensinou teologia sistemática no seminário de Friburgo, o qual liderou por algum tempo como reitor. Fundou a revista teológica Nova et Vetera e adquiriu, ao longo dos anos, reputação como teólogo de renome mundial. Em 1965, o papa Paulo VI nomeou-o como Arcebispo titular de Furnos Maior e Menor Furnos e levou-o como cardeal-diácono, com o título Diakonie Santa Maria in Portico no Colégio dos Cardeais. A consagração episcopal deu-lhe François Charrière, o bispo da diocese de Lausanne, Genebra e Freiburg; Co-consecrators foram Franz von Streng (1884-1970), bispo de Basileia e Lugano, e o Bispo Louis-Séverin Haller (1895-1987), abade de Saint-Maurice. Charles Journet participou da última sessão do Concílio Vaticano II.

[9] C. S. Lewis foi um professor universitário, escritor, romancista, poeta, crítico literário, ensaísta e apologista cristão britânico.

CONSIDERAÇÕES FINAIS...

Em cada pôr do sol, o silêncio da saudade parece querer rasgar meu coração. Há o medo de não ser, de não ressuscitar. Mesmo assim, não quero rótulos, pois não sou uma garrafa de plástico. É verdade que é preciso "limpar o coração – eis a primeira medida para salvar a inteligência. Sem um coração sereno, capaz de observar, disposto a receber o que vem de fora, sem a ânsia de julgar e rotular, você jamais atingirá a dignidade do estatuto humano[1]".

Corro atrás do prejuízo! Enquanto alguns dormem, faço vigília sobre páginas de sabedoria. Preciso exorcizar os demônios que lutam por satanizar minha consciência. Descanso no Sagrado Erro. Permito-me a possibilidade de errar. Só quero o carimbo do Amor. Solto o controle, pois não quero mais ter a razão que não seja banhada pela fé. Decidi viver em paz. Por isso pago um doloroso preço, pois "Num mundo de fugitivos, quem vai na direção oposta será visto como desertor[2]". Mergulho no Sagrado Erro, pois "Sem um olhar sincero para si mesmo, só lhe restará orientar-se pelos rótulos que os outros lhe foram pregando ao longo de sua vida. E quem vive com base em rótulos não vive: faz pose. O exame diário de si mesmo, simples e breve, deve ser parte de sua vida[3]".

Sou passageiro aqui! Por isso que só quero a meu lado aqueles que respeitam o Sagrado Erro que há em mim. Eu necessito de silêncio. Sou carente da escuridão. Lugar secreto, pois lá só Deus habita. Lá, Ele me vê nu, despido de toda a maquiagem espiritual. Lá eu sou o Neguinho de meus pais. Lá, Ele me vê e pergunta: "Tu me amas? Tu me amas? Tu me amas?" E, quase em desespero, vem a dor da não correspondência. Sou pecador. E, assim como Adão, saio de trás das folhagens, e minha nudez se põe à mostra. Ele me questiona quando estou no Sagrado Erro: comendo batata frita com brigadeiro, ele ainda me pede uma colherada da deliciosa mistura.

Necessito do Amor! O Amor é meu porto seguro. E lembre-se de que "Nosso relacionamento não é de anjo. O amor humano pede o peso do corpo, o gosto dos lábios, a pálpebra piscando[4]." Por isso que ter um fim é ter sentido. A alma de Maria grita: "No fim haverá o Triunfo!" Se um dia aprendi a fazer um barquinho de papel, é para que ele me leve ao encontro do Capitão... haverá o Triunfo! E Ele, o Capitão, chama-me ao Amor. Ele é tão como eu, que não posso ser outra coisa a não ser divino; ainda que atrapalhado por natureza. Neste tempo vivido nas alturas do Santo dos Santos, percebi o quanto o amor é frágil, quebradiço. De tão frágil, implora o silêncio, que requer respeito, maturação, tempo e reflexão! Silêncio que me obriga a perceber: A força que tem o Amor e os caminhos para uma nova vida. O Capitão presenteou-me com o discernimento: não aumentou, um segundo sequer, a possibilidade de me frustrar diante de coisas infundadas. Sou feliz com o que tenho e, quando desejo melhorar algo, é sempre um ponto a mais, apenas. Não quero o céu de ninguém. Na Casa Paterna há muitas moradas. Tenho lutado para, ao menos, ter o dinheiro do aluguel eterno. Por isso há um convite para que eu lave minhas misérias, nas lágrimas da mãe, que me implora um pedaço de pão mofento, guardado no lado mais miserável de meus pecados, para saciar a fome da pequena criança.

A vida é construção, e toda construção é aos poucos e constante. Primeiro atinge um patamar, para depois seguir para o próximo que se faz próximo de meus sentidos tão traiçoeiros. Sem esse processo, o Amor fica miudinho e ainda mais frágil do que já é. A bravura dos grandes já me serviu de aula magna: "É graça divina começar bem. Graça maior persistir na caminhada certa. Mas graça das graças é não desistir nunca[5]". Por isso cuidado com o tamanho da ambição que habita em seu coração, pois ela o pode impedir de ter sucesso na vida. Sempre pense em pequenos passos, que estejam completamente dentro de sua realidade. O Amor é exigente! Isso evita o fracasso, a decepção e a falta de controle na vida. Não confunda isso com mediocridade. Isso é ser realista, pé no chão... é ser maduro. Do contrário, mediocridade é se contentar com pouco; e não é isso que queremos. Queremos o melhor e, cada vez mais, só o caminho que tem de ser feito aos poucos e com paciência. "Se discordas de mim, tu me enriqueces[6]". O caminho dos santos nos ensina: "A paciência tudo alcança, só o Amor basta[7]!"

Descanso meu olhar. Descanse o seu também, pois "Deus nos ensinou a não aceitar facilidades, mas a encontrar vida na dureza da cruz[8]". Quem sou eu? A mescla dos piores pecadores que a Sagrada Escritura já nos pôde narrar. Ainda bem que o Amor tem força. E assim, caminho descalço no barro da maturidade, pois só a oração amadurece o fruto do Amor, que, uma vez maduro, deseja agir com sabedoria e retidão. Quero o último lugar. Queira você também. "Ultrapassa-te a ti mesmo a cada dia, a cada instante. Não por vaidade, mas para corresponderes à obrigação sagrada de contribuir, sempre mais e sempre melhor, para a construção do Mundo. Mais importante que escutar as palavras é adivinhar as angústias, sondar o mistério, escutar o silêncio. Feliz de quem entende que é preciso mudar muito para ser sempre o mesmo[9]". Abrace sua história. Silencie... pois "Quando as palavras somem, quando os cuidados adormecem, quando nos entregamos, de verdade, nas mãos do Senhor, o grande silêncio nos mergulha na paz, na confiança, na alegria... E a voz de Deus se faz ouvir[10]!" Tenha calma! Ele espera você. Feliz ressurreição. Foi difícil chegar até aqui. Não volte mais para lá. Vida Nova é o que lhe desejo. Eu fico por aqui, em minhas linhas verticais, em busca de meus horizontes...

NOTAS:

[1] Ítalo Marsili é médico psiquiatra. Trabalhou como psiquiatra forense canônico no Tribunal Eclesiástico de São Sebastião do Rio de Janeiro. É autor do best-seller "Os 4 Temperamentos" e ministra cursos on-line nas áreas de relacionamentos, temperamentos e suplementação. É casado com Samia Marsili e pai de seis filhos.

[2] Thomas Stearns Eliot é poeta modernista, dramaturgo e crítico literário inglês. Recebeu o Prêmio Nobel de Literatura de 1948. Eliot nasceu em St. Louis, Missouri, nos Estados Unidos, mudou-se para a Inglaterra em 1914, tornando-se cidadão britânico em 1927, com 39 anos de idade.

[3] Idem.

[4] Idem.

[5] Dom Helder Câmara.

[6] Idem.

[7] Santa Teresa d'Ávila.

[8] Dom Helder Câmara.

[9] Idem.

[10] Idem.

Posfácio

Interessante o Amor. Ele tem facetas, tem poderes. Este livro me aproximou das várias faces do Amor: que liberta, que aproxima, que faz frutificar o coração, tornando-o aberto a uma vida mais plena.

Neste mundo de incertezas, ele é a certeza. Na desorientação, ele orienta. Ele é a elegante beleza que apaga a feiura que o pecado insiste em criar.

Sobre o Amor aprendi algo verdadeiramente importante: Ele é uma veste, que deve cobrir a nudez de minhas fraquezas e de minhas incoerências.

Debruçar-me sobre as reflexões que estas páginas trazem me feriu. O Amor tem poder de abrir chagas que realmente doem, e tal dor incrivelmente cura. O Amor será eternamente paradoxo, que corações superficiais não entenderão.

Ao adentrar-se nas linhas e entrelinhas deste livro, alcança-se certo poder de voar. O amor nos cria asas e nos ajuda a ver a vida por ângulos diferentes e mais corretos; vemos a vida em três dimensões: com o amor do Pai, com a audácia do Filho e com a clareza do Espírito Santo. Nos conflitos da vida, o Amor é a arma, ele é a defesa, ele é o segredo.

Padre Rodrigo, obrigada por compilar, em breves páginas, conceitos, definições e poesia que prodigalizam a dimensão eterna do Amor e por nos convidar à proximidade não com um sentimento, mas com uma Pessoa.

Irmã Patricia, PIMI

Pertence ao Instituto das Pequenas Missionárias de Maria Imaculada. Estudou Arte Sacra e Espaço Litúrgico na instituição de ensino Sacred Art School Firenze. Estudou Master em Arquitetura, Arte Sacra e Liturgia na instituição de ensino Ateneo Pontificio Regina Apostolorum. Estudou Enfermagem na instituição de ensino Unitau – Universidade de Taubaté. Mora em Barretos.

ÍNDICE

Algumas considerações 5
Prefácio 9

1. O Amor que liberta 13
2. O poder do Amor 21
3. O Amor que gera a elegância 31
4. O Amor e os relacionamentos 39
5. O Amor que gera a sinceridade 49
6. O Amor que faz nascer a generosidade 59
7. O Amor de Deus 67

Considerações finais... 79
Posfácio 85

FSC
www.fsc.org
MISTO
Papel produzido
a partir de
fontes responsáveis
FSC® C132240

A marca FSC® é a garantia de que a madeira utilizada na fabricação do papel deste livro provém de florestas que foram gerenciadas de maneira ambientalmente correta, socialmente justa e economicamente viável.

Este livro foi composto com as famílias tipográficas Caviar Dreams, Segoe e Trajan Pro e impresso em papel Offset 75g/m² pela **Gráfica Santuário.**